大和のたからもの

岡本彰夫

写真　桂　修平

淡交社

夜《や》麻《ま》登《と》波《は》久《く》爾《に》能《の》麻《ま》本《ほ》呂《ろ》波《ば》
多《た》多《た》那《な》豆《づ》久《く》阿《あ》袁《お》加《か》岐《き》
夜《や》麻《ま》碁《ご》母《も》禮《れ》流《る》
夜《や》麻《ま》登《と》志《し》宇《う》流《る》波《は》斯《し》

『古訓古事記』享和三年（一八〇三）刊

龍王山から奈良盆地を望む。中央右から耳成山、畝傍山。
木々の向うに見えるのは香久山。耳成山の後方は葛城山、
畝傍山後方は金剛山。

倭《やまと》は国のまほろば
たたなづく青垣《あおがき》
山隠《やまごも》れる
倭しうるわし

と、倭建命《やまとたけるのみこと》は偲ばれました。
太古よりゆたかな自然に囲まれ
神仏のいます大和《やまと》には、
多くの「たからもの」が眠っています。
「いのり」から生まれた
神具や仏典、彫像の数々。

奈良人の「いとなみ」が遺した
書や絵画。
「たくみ」たちが生み出す
妙技、絶技の品々。

もののみごとな手わざ
伝統の造形など、
大和でしか出会えない
美のすがたを
近世・近代の美術工芸を中心に
紹介します。

奈良を愉しむ

大和のたからもの 目次

第三章 大和のたくみ

第一章

大和のいのり

大和は宮や寺の都である。
つまり日本の心の都なのである。
そこには、祈りの中で伝えられてきた、
品々がある。

春日祭図　江戸時代

連綿と続く大和の勅祭

春日祭《かすがさい》

日本三大勅祭《ちょくさい》といえば、京の「葵祭《あおいまつり》」と「石清水祭《いわしみずさい》」、そして大和の「春日祭」をいう。

残念ながら京は応仁の乱後、多年にわたり神事は断絶し、江戸期になって復興されたが、南都《なんと》は適切な政権との距離を保っていたが故に、断絶なくその命脈を保ち得た。

天皇様のお使いである「勅使《ちょくし》」を迎えて執行される神事だけに、一挙手一投足に至るまでお作法があって、凛とした気の張りつめる早春の神事である。

その起こりは嘉祥二年（八四九・一般には嘉祥三年説）とされ、かつては「春冬二季」つまり二月と十一月の上の申の日を以て式日とされた。故に俗称「申祭《さるまつり》」という。

永い歴史の間には朝廷の衰微もあって、儀式は変更を余儀なくされたが、幾度もの「旧儀御再興」の思召《おぼしめ》しがあって、精緻な古記録の調査を経て神事は古儀に復される。その最も大規模な御改正は元治元年（一八六四）の、孝明天皇による御復古であった。今迄庭中において、御幣を奉っていたものを延喜式《えんぎしき》に定められた「幣物」とされた。御神宝も古式の品々を新調されている。

明治維新を迎え、一旦旧儀を廃されたが、明治十九年（一八八六）、明治天皇より旧儀再興を仰せ出され、夜の神事を朝に改め、今日に至るが戦後は規模を縮小している。明治以降に改められた点も多く、絵画史料が必要だが、春日祭の古画はまことに少なく、画家の筆では絵空事《えそらごと》が多く、奉仕した神官によるものが最も価値がある。

天皇様の御名代を迎えて奉仕される春日祭。私など春日祭の儀式や作法を覚えるのに実に三十年の月日を要しました。この絵は元治御復古以前の姿を確認出来る史料で、四柱の神殿、庭中で勅使を迎えて行われる神事など、おおよそ現在と変化のない様子に驚きの念を禁じえません。かつては夜の祭りであったことが下方に描かれる篝火から看てとれます。

春日の神様を表すお姿

赤童子《あかどうじ》

赤童子さんは、お不動さんの眷属・制咤迦（せいたか）童子に酷似しています。しかし赤童子は元来独尊ですから、眺めていると、区別がつくものです。春日大社南門前にある「出現石（しゅつげんせき）」からお姿をあらわされたという伝承もあります。
赤童子木像　江戸時代

「赤童子《あかどうじ》ハ當社惣《とうしゃそう》ノ御神影《ごしんえい》」。興福寺の子院多聞院《たもんいん》の院主英俊の貴重な日記、いわゆる『多聞院日記』の永禄十年（一五六七）正月二十日の条に見える記事である。つまり赤童子のお姿は、春日大明神《かすがだいみょうじん》すべての神様を表すお姿なのだと考えられていたらしく、殊に仏家（僧侶）が春日様を拝する時に、多く赤童子さんの御影を掲げて祈りを捧げたのである。

殊に唯識論《ゆいしきろん》を究める法相宗《ほっそうしゅう》の守護神として「法相擁護春日権現《ほうそうおうごしゅんにちごんげん》」の名のもとに南都の大寺では常々拝礼なされている。興福寺では西国三十三ヶ所九番札所の南圓堂《なんえんどう》の御本尊、不空羂索観音《ふくうけんさくかんのん》の前のお厨子に木像が奉祀されていて、このお堂にだけ常に注連縄《しめなわ》が張られているのは春日様をお祀りされているからなのである。

僧侶の登用試験である「竪義《りゅうぎ》」の準備期間である「前加行《ぜんけぎょう》」において、受験僧は二十一日間座睡して勉学にいそしむが、その間「一《いち》・六《ろく》の大廻《おおまわり》」といって行の無事完遂を願い、諸社諸堂を巡拝する。その際、南圓堂に限って段下でワラジを脱し、裸足で昇殿するのは、神いますが故にであるとお伺いしている。

赤童子は絵像が多く、木像はいたって少ない。

あまたの社寺から
出ずる芳材

古材《こざい》

古材が豊富なためか、室町以降は「若い」と評される大和です。この棗は白鳳期の古材を棗に仕立て、蓋に法隆寺前管長・佐伯良謙師の「福」の書を写したものです。

法隆寺古材平棗　市川銕琅作

じつに大和は古材の宝庫である。法隆寺を始め、東大寺や唐招提寺、薬師寺や当麻寺等々、あまたの寺院より白鳳・天平から平安・鎌倉と、幅広い時代の古材が出る。

昔から天平古材など、目に触れる機会も多かったが、近頃はほとんどお目にかかれず、むしろ鎌倉・室町の材が目につくようになった。大和の古材もそろそろ枯渇してきたようである。

県の文化財課の技師に聞くと、木は百年で一分《いちぶ》やせる。千年も経つと一寸細る計算だが、そう平均してやせることもないそうで、年が経つ程やせる割合も低くなるそうである。

同じ古材でも、由緒ある名木《めいぼく》ともなると、数寄者連が懇願して、その材をもらい請け、茶杓《ちゃしゃく》や香合《こうごう》、沢山もらえば炉縁《ろぶち》や風炉先屏風《ふろさきびょうぶ》などを作り、筒や箱に書きつける。しかるに近頃は木の名を見ても、知らない人が多くなってきたから、少々記録にのこしておきたいと思う。

南都でかつて名木の誉れ高かりしは、まず春日大社の「影向《ようごう》之《の》松《まつ》」。春日大明神が翁《おきな》の姿で梢に現われ、萬歳楽《まんざいらく》を舞われたという。能舞台の鏡板《かがみいた》に描かれているのはこの松だ。平成七年（一九九五）に枯損、その子供を植え継いである。そして若宮さんの「相生《あいおい》の松」（大正十四年枯損）、『大和名所図会《ずえ》』には「釣鐘《つりがね》の松」と見える。加えて天正十九年（一五九一）、春日の篤信家米谷宗慶が長谷寺の紀貫之ゆかりの紅梅を植え継いだ紅梅「人はいさ」がある。

それから興福寺の「花《はな》の松《まつ》」。これは弘法大師が東金堂の仏さんへ献じられたとの伝説があるが、古市の廣瀬家が植えたものという。昭和十二年（一九三七）枯損、同十三年三月九日伐採。東円堂の辺にあった「八重桜」。そして五十二段（猿沢池から南大門跡へと登る石段）にあった「楊貴妃桜《ようきひざくら》」、これは玄宗《げんそう》という坊さんが愛したからという。

東大寺では「良弁《ろうべん》杉」。大鷲にさらわれた赤子が梢にひっかかっていた。この赤子が後の良弁僧正。一説では元は櫟《くぬぎ》の木であったとか、四月堂の辺にあったともいう。惜しくも昭和三十六年の第二室戸台風で倒れ、昭和四十一年枯損。今は三代目が植え継がれている。なお「奈良八重桜」は同寺知足院《ちそくいん》の裏にあるものが大正十二年（一九二三）に国の天然記念物に指定された。

憧れの古写経断簡

経切《きょうぎれ》

明治維新を迎え価値観の転倒により数多の社寺旧家から流出した古器・古物・典籍の中でも、光彩を放つ一品に「経切」がある。

奈良朝の経巻の王者と称えられるのは東大寺伝来の「賢愚経《けんぐきょう》」で、聖《しょう》武帝《むてい》筆との伝承がある故にいう「大《おお》聖武《じょうむ》」。同じく奈良時代唯一の紺紙《こんし》銀泥《ぎんでい》経で、二月堂の火災によって罹災されたが故にいう「焼経《やけきょう》」。これは「華厳経」である。それから朝野《あさの》魚養《うおかい》が書写した「大般若経」。諸筆の混合だが、「魚養経《ぎょようきょう》」ともいい、薬師寺に伝来したから「薬師寺経」とも呼ぶ。興福寺の「細字法華経《さいじほけきょう》」や法隆寺の「虫喰経」。光明皇后《こうみょうこうごう》御願の「五月一日経《ごがついちじつきょう》」、海龍王寺の「隅寺心経」等々枚挙にいとまがない。

かつて奈良博覧会が開催された時、回廊に奈良の骨董屋が店を出していて、古写経を巻毎《ごと》にお客が選び、「オッサン三行くれ！」などというと、希望の経巻を鋏で三行切っては売却していたというし、奈良土産に安い茶盆を買うと、天平写経の反故《ほご》で包んでくれたという。これを「奈良反故」と呼んでいた。

しかしまだまだ各寺より出た知られざる経切がアマタあるはずだ。

経切は陰の物ゆえ、偶数行で切るものだと聞いたことがあります。天平には天平の雰囲気、平安には平安の風があることも感じ取っていく。そんな楽しみも経切にはあります。平安時代の経切に、時代蝶蒔絵四方台・春日長講御廊華瓶を置き、白椿を添えて。

紺紙金泥添品法華経切　平安時代
西大寺伝来　依水園旧蔵

持禁戒 清淨無缺漏 求於无上
行忍辱 住於調柔地 設衆惡来
得法者 懷於增上慢 為此所輕惱
勤精進 志念常堅固 於無量億劫
无數劫 住於空閑處 若坐若經行
因緣故 能生諸禪定 八十億万劫

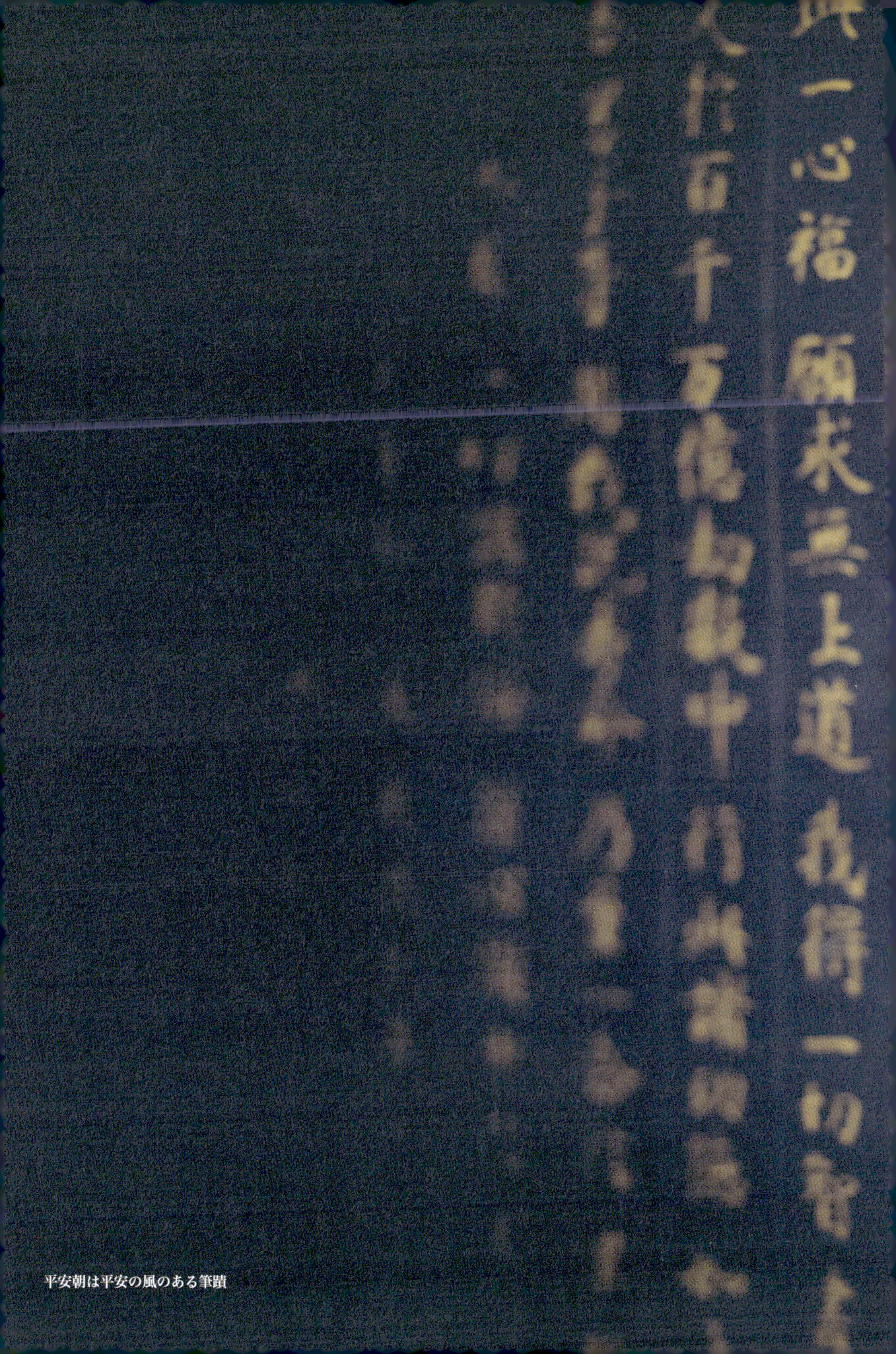

平安朝は平安の風のある筆蹟

大仏殿《だいぶつでん》

重なる罹災と再建への悲願

大仏殿は二度燃えた。一度は治承四年（一一八〇）、平重衡《たいらのしげひら》の焼討ちであった。源頼朝の命を受け、俊乗《しゅんじょう》坊重源《ぼうちょうげん》が老躯をおして再興を成就した。

二度は永禄十年（一五六七）十月十日の夜、大仏殿に陣所を構えていた三好三人衆に、松永弾正久秀《まつながだんじょうひさひで》が焼討ちをかけたのだ。

大仏様は焼落ち上半身を失われた。後年、大和国山辺郡山田城主の山田道安が頭部を銅板で補修したという。慶長十五年（一六一〇）の大風で仮屋も倒壊し、以降大仏様は露座であった。百有余年を経て立ち上がったのは東大寺の公慶《こうけい》上人である。

十八回も江戸と大和を往復し、全国に「一紙半銭《いっしはんせん》」の勧進《かんじん》を奨められた。これは重源上人の「尺布寸鉄、一木半箋」の精神を引き継がれたものであるが、その根本は聖武天皇《しょうむてんのう》の「一枝の草、一把の土」の御心であった。

困難辛苦の末、大仏修復が叶い元禄五年（一六九二）三月八日より四月八日迄盛大な開眼供養が行われた。当時奈良奉行所与力玉井定時が記した『庁中漫録』（『大仏殿再建記』）によると、二十九万九千三百七十八人の大衆が参詣し、僧侶は八千八百五十一人も来集したとある。しかるに、問題は大仏殿の再建で、これには奈良出身の護持院隆光《りゅうこう》の尽力で将軍綱吉や、その母桂昌院そして側近の柳澤吉保《やなぎさわよしやす》らの助力を得て、幕府はもとより、諸国の大名も寄進を助け、ついには「公儀御普請」となった。

しかし残念ながら永年の過労によって、公慶上人は大仏殿上棟御礼に赴いた江戸で客死《かくし》。宝永二年（一七〇五）七月十二日、五十八歳であった。

その後、上人の遺志を継いだ公《こう》盛《じょう》らによって成し遂げられ、宝永六年三月二十一日から四月八日まで、大仏殿落慶法要が営まれた。

以前、大和の数寄者・河瀬無窮亭旧蔵の華籠に、この勧進袋の反故が柿渋引きにして貼り重ねてあった。その後、まさか東京の古書店で発見するとは。……早速、裱褙いたしました。
宝永六年東大寺大仏殿落慶法要勧進袋

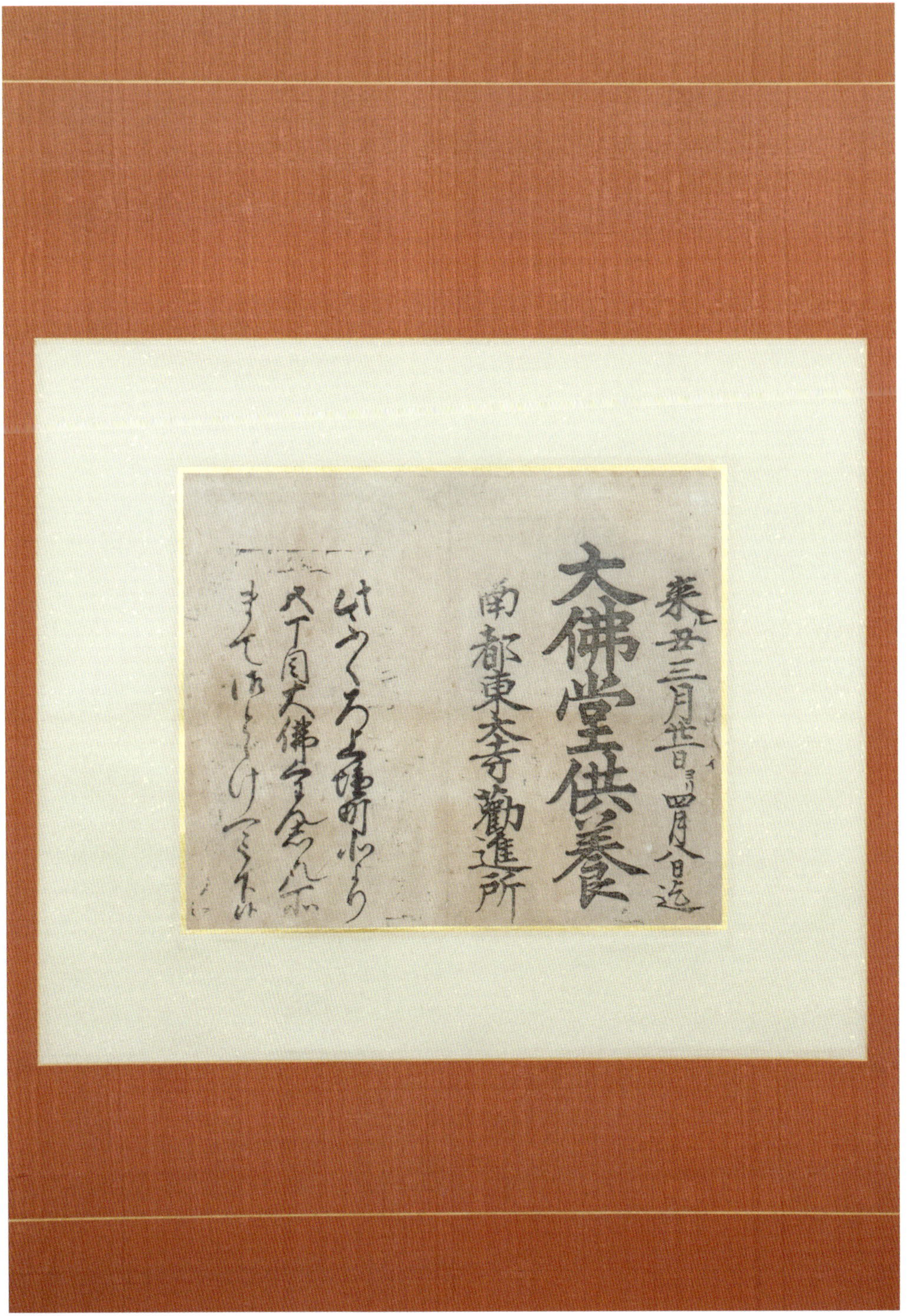
来乙丑三月廿五日ヨリ四月八日迄
大佛堂供養
南都東大寺勧進所

大和に厚い天神信仰

天神さん《てんじんさん》

大和には天神社が多い。これは元、天の神様つまり「天津神《あまつかみ》」をお祀り申していたところへ、平安朝以降、菅原道真公の御霊《ごりょう》が「天満大自在天神」になられたという、天満宮の天神信仰がかぶさってきて、多くが天満宮としてお祀りされている。

殊に薬師寺周辺の五ケ郷は水利権を伴う「水郷《すいごう》」と呼ばれ、「福天満《ふくてんま》」「皆天満《かいてんま》」「養天満《ようてんま》」という珍しいお名前の天満宮が存在する。これすなわち元来天津神として雨を司った神様が、天満天神へと変貌を遂げられていった証左なのであろう。

それからもう一件、『続日本紀』光仁天皇、天応元年（七八一）六月壬子の条に、菅原道真の曽祖父《そうそふ》である土師古人《はじのふるひと》が「望み請う　居地の名に因り　土師《はじ》を改めて以て菅原の姓とせん　勅請に依りて之を許す」とあり、土師の姓を改めて、その居住地である菅原の名を請うたところ、光仁天皇が許されたという記述がある。その菅原は奈良市菅原町であって、今も菅原神社があり、菅原氏の祖神をお祀りしている。その近くに「菅公産湯の池」もあるが、これは少し行き過ぎだ。

長谷寺《はせでら》も與喜山《よきやま》天満宮を地主神と仰ぐ。南都は天神信仰が厚い。かつては「南都廿五天神」なる信仰があり、珍しい額を写して来たのでご披露しておこう（124頁参照）。

同様の掛物を二度ほど見たことがあります。何幅か作られているのでしょう。賛を加えている金毛老人はおそらく長谷寺の僧侶だと思われます。

初瀬天神像　長谷金毛老人賛

中大兄皇子と鎌足密談の地

談峯《だんぽう》

桜井市の多武峯《とうのみね》は、大化改新に先立って中大兄皇子と中臣鎌子が、密議をかわした場所として「談《かた》い山」とも「談所《だんじょ》ケ森《がもり》」「談峯」とも呼ばれた。後に藤原鎌足となった鎌子の没後、その墓所を摂津国阿武山より、縁深い多武峯に遷し堂塔を建立して「妙楽寺《みょうらくじ》」と称した。

　また後方の山を「御破裂山《ごはれつやま》」と呼び、国家に異変ある時は、鎌足公の御神像が破裂すると共に大いに山が「鳴動《めいどう》」するという。東辺が鳴動すれば国王に、南辺ならば氏の長者、北辺は氏と大臣家、西辺は民、中央ならば本寺に変事あると伝えられ、その場所を聞きわけるため、「立ち聞きの芝」と呼ぶ場所があって、桜井市北山字菖蒲・針道字茶屋の垣内（一説には明日香村坂田）・粟殿字四ッ川だと伝えられている。

　明治になって妙楽寺は廃され、「談山《たんざん》神社」となったが、今も古式の祭典が伝承されており、「嘉吉祭《かきつさい》」は殊に御供物が素晴らしく三千粒の生米を染めて組み上げていく「米御《こめご》供《く》」や、古代米を組み上げてその芒《のぎ》の見事さから「毛御供《けごく》」と呼ばれる神饌《しんせん》等の「百味之御食《ひゃくみのおんじき》」が、実に美しいものだ。その祭礼の時、供物に先立って供えられる人形がある。それを「セイノオ」とか「無垢人《むくびと》」と呼んで、人形がお給仕をする形を取る。これは人形には心が無いからである。まさに邪心邪念なく神事を奉仕してくれるようにとの日本人が純粋な神事を追究した結果の所産であって、その精神性の高さに感動をさえ覚える次第である。

神事に用いられる貴重な無垢人人形。人形資料として縮小拝写させていただいたもの。剥げ落ちていた彩色は厳密に復元いたしました。
多武峯嘉吉祭無垢人人形写　南都仏師・矢野公祥作
調査・鈴木元子

お伊勢さん、八幡さん、お春日さんのお告げ

三社託宣《さんしゃたくせん》

室町時代から存在が確認されている「三社託宣」は、お伊勢さんは「正直」を、八幡さんは「清浄」を、そしてお春日さんは「慈悲」が大切だとお告げを下されたのが、この御託《ごたく》である。

かつては全国津々浦々の家々に掲げられていた、日本人が生きる目標とした三ケ条の御託宣は、言いかえれば「清く」「正しく」「美しく」なのである。

江戸時代に記された『三社託宣略抄』などによると、正応年中（一二八八～一二九三）、東大寺東南院の庭前の池（現奈良県新公会堂西側の「三社池」）の水面に文字が浮かび上がってきたものと伝えられている。また室町末から戦国時代にかけて、和学の保護伝承に尽力したかの有名な公家・三《さん》條西実隆《じょうにしさねたか》の日記『実隆公記』によると、三社託宣は、お伊勢様は嵯峨天皇が、八幡様は弘法大師が、春日様は大中臣智治丸《おおなかとみともはるまる》がそれぞれ夢のお告げ、つまり「夢想」で感得されたものと伝えている。

奈良では三社池説を重んじて、東大寺の鎮守である手向山八幡宮《たむけやまはちまんぐう》の宮司家の揮毫《きごう》が珍重された。

この三社託宣は手向山八幡宮の宮司の揮毫で「東大寺東南院宮聖珎法親王御筆文　安藝守謹写」とあります。東大寺東南院の前池と伝わるので、長年鏡池だと信じ込んでいましたが、少し離れた南側にその池はありました。その名も三社池。元は沼でしたが今は整備され、美しい姿になっています。しかしほとんど訪れる人はいません。

三社託宣幅　手向山八幡宮上司（かみつかさ）安藝守（あきのかみ）延興（のぶおき）筆

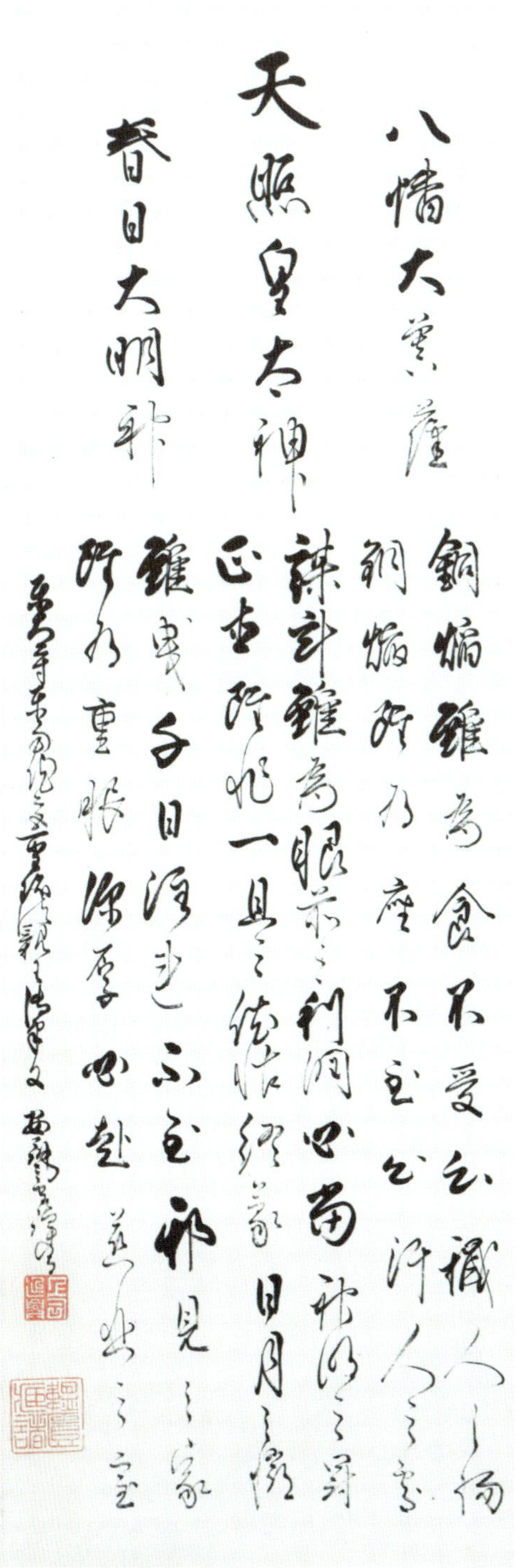
八幡大菩薩
天照皇太神
春日大明神

神前で用いる秀逸なる卓

春日卓《かすがじょく》

春日卓は大別すると、神事用と仏事用がある。春日社前の神々の御《ご》料《りょう》は常設の「四足机《しそくき》」（俗に五計台《ごとうだい》）と十日に一度の「旬之御供《しゅんのごく》」に用いられる、夜光貝を九百二十五点象嵌した螺鈿の「八足案《はっそくあん》」がある。古くから「西屋形《にしのや》」と呼ばれる物があって、長らくその実態を知りたく思っていたところ、中村雅真翁の実弟である、白鶴美術館の創設者嘉納治兵衛翁のお茶会にこの卓が用いられており、その写真も現存する由《よし》承った。

早速拝見したところ、右に掲載した、世にいう春日卓のことであった。細分された春日卓の存在を確認して驚き入った次第だが、更に詳しい資料を春日社家大東家の古記録の中から発見したのでお福分けさせてもらおうと思う（124頁図参照）。西屋形のみならず、「瓦屋形《かわらや》」・「新造屋形《しんぞうのや》」・「上ノ屋形《かみのや》」・「本談義屋形《ほんだんぎや》」・「安居《あんご》屋《や》形」があり、その厳密さには驚くばかりである。

私は日本で最も秀逸な姿を誇る卓だと思っています。それだけに卓上に置き合わす品が大変難しい。卓の品格に物が負けてしまうのです。唐招提寺柄香炉写（市川銕琅作）を置き、宸翰の「南無春日大明神」の一軸を掛けました。
時代春日卓　藤田男爵家伝来

大和一国を挙げて行う大祭

おんまつり

壮大でかつ厳格な神事「おんまつり」のかつての規模はあらゆる意味において、現在の数十倍といえましょう。十七日に行われる「お渡り式」に登場する馬長児（ばちょうのちご）が背負う箙（えびら）の造花飾りを写したもの。造花に梅の花を挿すのは、源平合戦の生田森での梶原景季の故事による。
おんまつり馬長児（ばちょうのちご）の箙（えびら）写　西祐摂（にしゆうせつ）作（陶製箙）、村岡登志一作（白梅・牡丹雲上流造花）

「大和で早いはチャンチャン祭（大和神社）。祭り仕舞はおんまつり（春日大社）。」といわれるように、大和の大祭の掉尾《ちょうび》を飾るのがこの祭礼だ。

何故「おんまつり」と称するかというと、古典の世界で「まつり」といえば「葵祭」。大和で祭りといえば、春日の若宮（大宮の御子神）の「御祭」をさすのである。故にただ「御《おん》祭《まつり》」とのみ申し上げるのだ。

大和一国を挙げて行う大祭礼ゆえに、地元では「おんまつり見るのに七年かかる」とまで言われている。

中心行事は十二月十七日（旧暦は十一月二十七日）で、御旅所で終日奉仕される神事は朝座と夕座にわかれ、歌舞を以て神を祀る。その奉仕に当る人々が、御旅所へと繰り込むのが「お渡り式」。およそ興福寺の大垣をそれぞれに廻って来るのが「下の渡り」。興福寺の南大門跡で集結して、「交名《きょうみょう》」という点検を済ませて一列となり、一之鳥居をくぐる。

そこには神が降臨されたという「影向《ようごう》之松」があり、その松の下で芸能のサワリを行う。これが「松之下の式」。この樹の下を通ることにより、神前で芸能を演ずる資格が神から付与されるのだ。

その行列は平安以来の「風流《ふりゅう》行列」である。風流とは神に披露し、人の目を驚かせる趣興をいい、神と人とが共に楽しむということをいう。様々な趣興を読み解くには、歴史や古典、故実《こじつ》に通じなければその意味は解せない。

お経がしみ込む
護符や造花

お水取り《おみずとり》

東大寺さんではむしろ「おたいまつ」とおっしゃる方が多いかもしれません。高校二年生の時（昭和四十六年）、初めて伺いました。当時は奈良の人々が二月堂と書いた提灯を灯して参拝しておられました。二月堂をニンガットウと言うのも、ひなびた響きがありました。八枚続きの護符と椿の造花を東大寺日の丸盆に載せて。

東大寺二月堂修二会續牛玉

南無頂上佛面除疫病
二月堂
南無頂上佛面願滿足

世に名高い東大寺さんの「お水取り」は、正式には「十一面観音悔過《じゅういちめんかんのんけか》」。十四日間昼夜六度ずつ勤行《ごんぎょう》があるので「二七日六時之行法《にしちにちろくじのぎょうぼう》」。天平勝宝四年（七五二）以来一度も断絶していないので「不退之行法《ふたいのぎょうぼう》」。二月にやったので「修二会《しゅにえ》」とも呼ばれている。「お水取り済まんと、ぬくならへんナァー（暖かくならないなあ）」とは子供の頃から何千遍《なんぜんべん》聞いたか分からん言葉である。生きとし生けるモノの犯した罪科をみ仏にザンゲするお行である。

この行法はかなり神道色が濃厚で、悠《とお》い昔、仏教が入って来た時、日本古来の聖俗観を基調として受容したことがよく分かる。精進潔斎《しょうじんけっさい》には別火《べっか》とし、まわりに注連縄《しめなわ》を張る。毎日中臣祓《なかとみのはらえ》を奏上して、お祓いを修める。トイレに行った後、ミソギといって蛭子川《えびすがわ》の水を笹で頭に振り注ぐ。お供えの壇供餅《だんくもち》が搗《つ》きあがるとその上に清めの御幣《ごへい》を置く。常に諸神祇を拝する。などなど、全く驚くばかりで、第一身内に不幸があると入堂できないという『二月堂物忌《ぶっき》令《れい》』まで古くから制定されている。

中でも尊いのは〝牛玉《ごおう》さん〟という護符で、行中にこれを刷り上げて堂内に奉安し、折々牛玉加持《かじ》が行われ、満行《まんぎょう》の際には柳の牛玉杖《づえ》に結んで練行衆《れんぎょうしゅう》と共に下堂《げどう》する。なんでも勝手に好きなだけ刷れんそうで、何枚という誓紙を取られることが昔からの仕来《しきた》りだそうである。刷った牛玉は一枚ずつ手でちぎって掛紙をかけて有縁者に授けられる。とりわけ法会に参加しなかった僧〝娑婆《しゃば》の古練《これん》〟に配られるのは八枚続きの切り放してないもので、これを〝続《つづき》牛玉〟といって珍重する。二月堂の講中は大和・山城・伊賀・河内・江州に多く、講中の礼拝の対象として観音さんの御影《みえい》や尊勝陀羅尼《そんしょうだらに》や牛玉さんを軸装したものを用いる。また、行中に須弥壇《しゅみだん》の四隅に飾られる椿の造花は、練行衆がおこもりの時に作る。きれいな花はお堂に入れる前に落下した〝チリ〟といわれるもの。煤けた花は毎日毎日ありがたいお経がしみ込んだ花なのである。

東大寺二月堂護符幅
修二会の護符には様々なものがあり、そのいくつかを貼り合わせた珍しいもの。前頁写真の八枚綴りの続牛玉は、ここでは一枚ずつにちぎられています（写真下）。

第二章 大和のいとなみ

大和で暮らす人々が、
めで・あそび、
心を籠めてきた物や姿がある。

千疋鹿図　堀川其流画　明治九年

大流

奈良の絵師が描く鹿各態
千疋鹿《せんびきじか》

堀川其流《ほりかわきりゅう》という画家がいた。本名は庫次《くらじ》、山辺郡二階堂村富堂《とみんど》（現天理市富堂町）に育ち、若くして奈良に出て内藤其淵《ないとうきえん》に師事し、その描法を会得した。書は京粟田口青蓮院《あわたぐちしょうれんいん》で御家《おいえ》流を学んだという。若い頃は柳本藩（藩主は織田信長の末流）に出仕していた。明治維新後も、銭湯へも紋付を着して赴き、刀が無いのが寂しいと、いつも蝙蝠傘を差し、あたかも帯刀しているが如しであったという。

其流の鹿図で誰も真似できないものは、五百疋鹿・千疋鹿である。鹿の生態も心得、その配置をなすことだけでも相当な力量と根気がないと、とてもこれだけの作品は遺せたものではない。

明治四十四年（一九一一）、八十七歳で没するが、その前年まで、揮毫《きごう》の依頼があれば出向いて絵筆を揮っている。とにかくにも人並み外れた精神力である。

一畳ほどの大きな画面いっぱいに描かれる鹿たち。其流は誰も知らなくなってしまった画家です。一疋一疋は師匠の其淵（62頁）には及びませんが、千疋の構図と容態の変化には他の追随を許さぬ妙があります。

有栖川流の名手

伏見宮文秀女王《ふしみのみやぶんしゅうじょおう》

大和三門跡と称される尼門跡の随一は山村《やまむら》御殿《ごてん》圓照寺《えんしょうじ》という。その順位は入室された皇族方の数に比例するのだと承っている。

そもそも圓照寺は後水尾天皇《ごみのおてんのう》第一皇女・大通文智女王《だいつうぶんちじょおう》が、修学院の側に開基された尼寺で、後に桂離宮辺宮のために附近が騒がしくなったことを厭《いと》われた矢先、伊勢・八幡・春日の三社の内で心に叶う場所に遷るべしという霊夢を拝し、さらには春日大明神の霊夢を蒙って、大和の八島の地に明暦二年（一六五六）に移られたのである。

代々皇女が入室された。幕末から維新にかけての激動期に門跡となられたのが大知文秀公主で、弘化四年（一八四七）、伏見宮邦家親王の第五女としてご誕生。福喜宮と申され、四歳で孝明天皇の養女となられて御入寺、八歳で得度《とくど》されたが、皇族の出家禁止の勅命により、明治六年（一八七三）七月、復飾して伏見宮家にお帰りになられた。仏道への帰依《きえ》をひたすら願われて、翌年ついに明治天皇のお許しを得て、俗体にて圓照寺へと戻られた。故に伏見宮文秀女王と申し上げるのである。宮は有《あり》栖川《すがわ》流書道の名手であらせられる。

文秀女王の用いられた墨は実に光沢のあるものです。歌舞伎の顔見世のマネキは檜の板に清酒でするゆえに墨が光るといいますが、これは全くどこでどのように作られた墨なのか不明なのです。その光沢は年を経ても艶を失いません。
青松多寿色　一行　伏見宮文秀女王筆

近衛家出身の宮司

水谷川紫山《みやがわしざん》

　近衛文麿《このえふみまろ》公の弟君である忠麿《ただまろ》公である。

　興福寺の一乗院門跡に入室し、最後の興福寺別当となった應昭は、関白近衛忠熙《このえただひろ》の子で、維新を迎えて還俗し聖流水谷川《みずやがわ》の名を姓として水谷《みや》川《がわ》男爵となった。奥方は東本願寺法主大谷光勝《おおたにこうしょう》の娘勝子《かつこ》で、一條家の養女となり一條尭子《たかこ》と名乗って輿入れした。嗣子が無く、近衛本家から跡を取るべく養子縁組されたのが忠麿である。

　忠麿は明治三十五年（一九〇二）、公爵近衛篤麿の四男として生まれ、幼少より利発、殊に芸術・音楽に才たけ、有島生馬に油絵を学び、大正十二年（一九二三）、京都帝国大学に進んで、美学美術史を専攻した。楽器はオーボエをたしなむ。

　兄文麿政界進出に伴い、自らも政界に身を投じ、随分兄上の内意を受けて戦争終結のため中国大陸での和平工作に奔走されたという。万事《ばんじ》休《きゅう》すの憂き目をみて、ついに終戦の玉音《ぎょくおん》放送を聞きつつ、静かに茶杓《ちゃしゃく》を削っておられたという。大陸工作の苦悶の中で、わずかな心の安らぎを茶と花に求められたのである。

　号を紫山《しざん》と名乗り、陽明《ようめい》文庫の茶杓箪笥はすべてスケッチされているし、官休庵《かんきゅうあん》の茶をよくされ、陶芸にも通じておられた。正に無欲無我の茶人であり、書画もよくされた。いずれの作品も孤高の品格がある。私は川喜田半泥子《かわきたはんでいし》を凌ぐ芸術家だと信じている。

　戦後霊夢を拝されて春日大社の宮司に就任され、戦後荒廃した人心を芸術と文化によって復興せんことを企てられた。

　惜しくも昭和三十六年（一九六一）、五十八歳で世を去られたが、その作品は奈良の人々に秘蔵されるせいか、ほとんど市場に流れることはない。

手造茶碗 銘「好日」 水谷川紫山作

戦後画家として身を立てようとされた水谷川忠麿男爵は、春日大社宮司就任の要請を固辞されたといいます。しかし二之鳥居の少し下で白衣の神職が招く姿を夢で見て、就任を決断されたのだと承っております。永く宮司をお勤めになられましたが、数寄にも精通された芸術家であり、道具の箱にはご自身の「好み紐」を掛けていらっしゃいます。

文治主義の君・柳澤一族

郡山の殿様《こおりやまのとのさま》

大和《やまと》郡山藩《こおりやまはん》十五万千二百石余は、享保九年（一七二四）以来、柳澤吉《やなぎさわよし》保《やす》の嗣子吉里が藩主となり、維新に至った。

吉保は五代将軍綱吉の寵臣として頭角をあらわし、今迄の武闘派が治めた幕府政治を文治主義にと大きく転換させ、元禄という豊かな時代の到来に寄与した人物である。将軍の「居邸に成せたまふことすべて五十八度」は他に例がない（『寛政重修諸家譜』より）。

吉里の嗣子が信鴻《のぶとき》、その子が保光《やすみつ》（若年は保明《やすあきら》）である。信鴻と名乗るのは致仕《ちし》（隠居）後で、現役時代は伊信《これのぶ》という名が長い。出家して香山という。このお殿さんは俳諧の世界に名を馳せた人であり、稀代の筆まめさは驚くばかりで、現役時は『美濃守日記』、隠居後は、愛妾お隆《りゅう》さんとの楽しい駒込下屋敷・六義園《りくぎえん》での『宴遊日記』、お隆さん没後の『松鶴日記』という膨大な日記が、柳澤文庫に遺されている。これらは江戸期、ことに安永（一七七二〜八一）から寛政（一七八九〜一八〇一）期にかけての江戸の様子を知る、貴重な史料となっている。

また息子の保光侯（出家後 尭山《ぎょうざん》と名乗る）は、和歌と茶道に造詣深く、将軍家斉《いえなり》の正室茂姫の和歌の指南役であり、茶道は石州流の伝授を片桐《かたぎり》宗幽《そうゆう》より受け、出雲の松平《まつだいら》不昧《ふまい》侯や姫路の酒井宗雅《さかいそうが》侯と交流した。

尭山侯が「お心入れ」、つまり庇護した焼物が「赤膚焼《あかはだやき》」なのである。

郡山城主・尭山侯の消息に、古赤膚焼（安政六年記銘）の開扇香合を合わせて飾りました。郡山は武家の町です。社寺と宮廷の文化を色濃くとどめる奈良町（ならまち）の目と鼻の先に、素晴らしい武家文化を有する郡山があることをもっと知っていただきたいものです。
柳澤保明（尭山）侯消息幅（アップは48頁）

あうつう
をふつ
ゝふ

柳澤保明（羌山）侯消息　冷泉流の美しい筆蹟

「依水園」を愛した
豪商茶人

関宗無《せきそうむ》

大和を代表する茶人である。

奈良の豪商には「北の関家」と「南の関家」があって、名産「奈良晒《ならざらし》」を商った北の当主が関藤次郎（南は関甚吉）、つまり「宗無さん」なのである。

江戸時代の奈良の繁栄を象徴する名園「依水園《いすいえん》」を購入し、その荒廃を嘆いて、明治四十四年（一九一一）に現在の様相に整えた。

茶道に執心し、裏千家の十一代家元・玄々斎《げんげんさい》の高弟・前田瑞雪《まえだずいせつ》に手ほどきを受け、十二代又妙斎《ゆうみょうさい》は長く依水園に逗留して指導を行った。十三代圓能斎《えんのうさい》もしばしば訪れている。

さらに宗無さんは大正八年（一九一九）に『茶をのむたけ』という茶道入門書を作り、茶道の普及に努めている。

古美術に見識高く、依水園旧蔵品は今も光彩を放っている。好みの道具を考案し、多くの職人を庇護したことでも知られる。

能筆で歌もよくし、歌名は「藤次」や「翠門」を用いる。

奈良の茶人・長闇堂久保利世《ちょうあんどうくぼりせい》（春日社の神人《こうど》）の顕彰に腐心し、その墓碑を探索された。いくら探しても見当たらぬ墓石に、あきらめての帰途、蜂に襲われた同志・山田治兵衛が転倒し、その時手を突いた石が、くるりと反転した。ふと見るとそれが長闇堂の墓石であった。今は興福院《こんぶいん》に祀られている。

箱に「長闇堂碑発見のをりに 百（もも）とせを みたひかさねし 石ふみの あらはれいてて まつるうれしさ 宗無自作 花押」とある茶杓。奈良の文化顕彰の意志は受け継がれ、今も毎年盛況を呈する奈良国立博物館の正倉院展開催の礎を築かれたのは宗無さんの嗣、宗信（関信太郎）翁であります。

茶杓 銘「おもかげ」 関宗無（藤次郎）作

古美術に精通した
初代奈良町長

中村雅真《なかむらまさざね》

中村家は興福寺の唐院《とういん》に仕える「承仕《じょうじ》」を代々勤めた家で、「公物方」として春日社・興福寺の石高二万一千石の内、五千五百八十七石五斗を徴収差配した。

「雅真《がしん》さん」は、安政元年（一八五四）に生まれ、昭和十八年（一九四三）に没した。

その生涯は華やかで、初代奈良町長であり古社寺保存法の請願や、奈良県再置運動に尽力、貴族院議員にも就任した。

中村家は資産家で、天理大学の吉井教授によると、保有田地は五十町歩（約五十万平米）にも及んだという。

奈良には「正倉院か雅真さんか」という言葉があって、中村家所有の古器古物の品質の秀逸さを伝えている。なお次弟正久は、灘の白鶴酒造へ入婿し、傾いていた家産を立て直して、白鶴美術館をも開設した鶴翁・嘉納治兵衛である。

雅真さんは能筆《のうひつ》であり、当時遠藤千胤らが創立した邦光社に籍を置き、歌道に精進した。

明治天皇が正倉院で蘭奢待《らんじゃたい》を切り取られた際、この中村家の道具を借用されたのだと聞いている。

「雨後新樹　あめはれし　かすかのもりの下あしひ　こそめのわか葉　夏としもなし　七十八翁　雅真詠」。冠卓（かんむりじょく）に、生嶋喜齋作の香炉と興福寺北圓堂鬼瓦香合（雅眞家伝来・岡野松壽作）を飾って。冠卓はいわゆる二段卓で、上段に香炉を飾れば、下段に香合や熨斗鎮（のしおさえ）を飾ったりします。材質からいうと香炉が金物なら香合は土物、香炉が土物なら香合は金物か木物という風に、かたよらぬよう調和を大切にします。

雨後新樹和歌懐紙幅　中村雅真筆

雨後新樹

春日絵所預の大和絵師

和田貫水《わだつらきよ》

「貫水《かんすい》さん」は奈良に住んだ大和絵の大家である。

明治三十年（一八九七）八月二十三日、当時の官幣大社春日神社より「春日右方絵《かすがうほうえ》（画）所預《どころあずかり》」に補任《ぶにん》されている。左方は東京の大坪正義であった。古来春日社本殿中央の「獅《し》子之間《しのま》」を境に、左方（東側）と右方（西側）に分けて分担された故事によるもので、かつての絵所は二十年毎《ごと》に行われる御殿の造替に際し、本殿の板塀に絵を描き、獅子狛犬《ししこまいぬ》の彩色、御壁代の彩色等はもちろん、殿舎の朱塗りの担当までもしていた節がある。

明治以降は本殿の板塀の描画を任されていた。

ここで春日社に提出された貫水の資料を参考に履歴を録しておこう。

慶応三年（一八六七）、大坂府東成郡生駒町で生まれ、明治十二年（一八七九）、初めて南宗画を尾崎雪《せつ》翁《おう》に学ぶ。同十四年より大和絵を冷《れい》泉為恭《ぜいためちか》の門人・和田薫《わだかおる》、守住貫魚《もりずみかんぎょ》に学ぶ。同二十四年大阪府絵画共進会に一等受賞。同二十七年奈良町半田《はんだ》西町《にしまち》に永住。同二十八年第四回京都勧業博覧会に出品、宮内省御用となる。同三十年春日右方絵所預となる。同年第一回全国絵画共進会に三等賞。同三十三年皇太子殿下御婚儀に際し、春日神社より奉祝品として献上の大坪正義の太平楽《たいへいらく》図とともに倭《やまと》舞《まい》図を描く。清原《きよはら》姓（又は平氏）を名乗り昭和二十年没。享年七十九歳。奈良市笹鉾町浄国院に葬られる。

春日画所（かすがえどころ）は正当な大和絵を伝統とします。近年大和絵に対する理解が低いことは大変残念なことです。日本で完成された精緻で、かつ精神世界を重んずる大和絵は世界に誇る存在ではないでしょうか。
春日御社図　和田貫水画

奈良を愛した学者

會津八一《あいずやいち》

ならさかの　いしのほとけの
おとかひに　こさめなかるる
はるはきにけり

私の最も好きな會津八一の歌である。

明治十四年（一八八一）、新潟に生まれ、明治三十九年早稲田大学を卒業し、初めて大和を訪《おとの》うたのは明治四十一年八月のことだったという。以来大和路に魅せられ、大正十二年（一九二三）には奈良美術研究会を創立して会長となり、後には早稲田大学教授として度々大和の美術を攻究し、その風趣を巧みな和歌に詠みあげた。すべて仮名書きで記された歌は、「しらべ」というものを感じさせる。

書も独特の品格を有し、多くの愛好者がいる。

東大寺の上司《かみつかさ》海雲《かいうん》師ともよく交流したが、後に絶交に至った。その顛末は海雲師が昭和四十八年（一九七三）にものされた『古都《こと》讃《さん》仰《ごう》』に詳しい。文学者の深い洞察力と感受性が却って仇《あだ》をなしたのであろう。

のびやかで温かみを体感できる仮名書きとともに、會津八一の漢字には、変化が楽しめて、一入の趣があるものです。
風雨望寧楽　藤井竹外（ちくがい）作七言絶句漢詩幅　會津八一筆

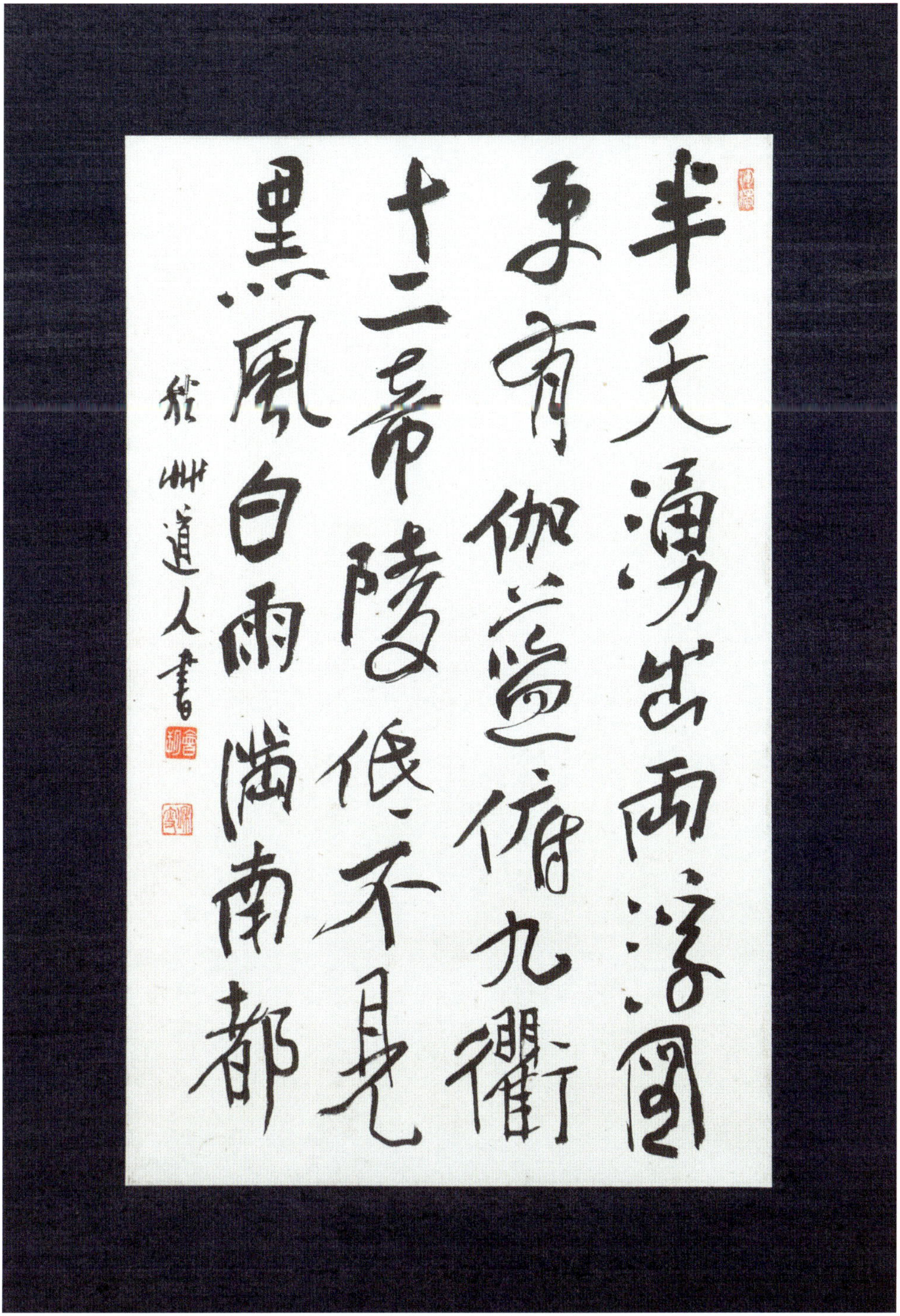
半天湧出両浮図
東有伽藍倚九衢
十二帝陵低不見
黒風白雨満南都
秋艸道人書

林香葉味春

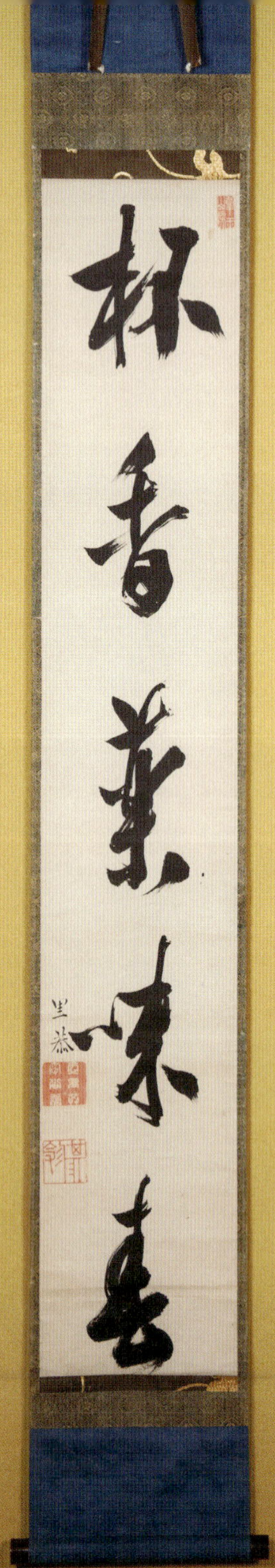

経世済民の芸術家
柳澤家の重臣

柳里恭《りゅうりきょう》

柳澤権太夫里恭《やなぎさわごんだゆうさととも》（柳里恭と称される。号は淇園《きえん》）という人は、大和郡山藩主柳澤家の重臣で家老職を襲う家の次男に生まれた。

　文人画家として著名であり、書も一流である。諸芸に通じ、藩の重役として経世済民《けいせいさいみん》に意を尽くしたが、その生涯は毀誉褒貶《きよほうへん》の連続で、才たけたが故に不運であった。兄の早世によって家督を相続したが、謎の不行跡により相続差し止めとなった。即許されて曽禰図書《そねずしょ》と名乗り、諸事情により父祖代々の権太夫家を相続したが、ついに家老職には至らず寄合衆筆頭で終わった。ある意味藩政の犠牲になったと思われる。

　相続事件後は藩財政を支え、宝暦六年（一七五六）からは、北前船の航路短縮を計画し「万民の大益」を図らんと、但馬の円山川と播磨の市川を用いる、いわゆる播丹通船計画を幕府に上申して許可を得たが、不可解な理由から頓挫した。おそらく西国筋の諸大名からの横槍が入ったのかも知れない。その心労からか、幾何を経ずして他界した。

　柳里恭は藩主吉里侯のお諭しにより、みだりに書詩画を人に与えていないため、贋物は頗る多い。

　ある時酒屋の親爺に「さかや」という看板を頼まれた里恭先生。しかしその字が気に入らなかったと見えて、親爺が再び揮毫願いに参上すると、黙って里恭は隣室との間にある唐紙《からかみ》（襖）をあけた。そこには長持一杯に埋めつくされた「さかや」の看板のハネ（反古《ほご》のこと）があったという佳話《かわ》がある。

森川杜園・奥田木白・柳里恭は大和のステータスシンボルです。最も偽物が多いのが柳里恭。著名な作品とされる物の中でも怪しい物があるほど。しかし柳里恭の研究家で知られる橋本節也氏が「柳里恭を凌ぐ偽物は無い」と語られた事をよく覚えています。

杯香薬味春　一行　柳里恭筆　大倉好斎極

趙州一味諸
春秋千年賞
葛藤以人

洋画、民画も巧みな四条派の画家
菊谷葛陂《きくたにかっぴ》

明治四十二年（一九〇九）に奈良県庁より刊行された、『大和人物志』にたった二行「菊谷葛陂　名は古馮《ひょう》、字は元机、大簡堂葛陂と號せり。文化の年奈良角振《つのふり》町に住せり、圓山《まるやま》應擧《おうきょ》に就きて畫を學び、花鳥を善くせりといふ。」とあるが、花鳥どころではない。平成二十三年（二〇一一）に東京の府中市美術館で開催された「江戸の人物画」展では、司馬江漢ばりの西洋絵画式に描いた葛陂の「関羽《かんう》像」が出陳されたし、真面目に描いた「大津絵《おおつえ》」もある。おまけに江戸後期の高僧慈雲尊者の賛を付した絵を三点見た覚えもある。

奈良では内藤其淵《きえん》の絵の師匠として認識される程度で、作品もほとんど知られていないが、実はとんでもない四条派の画家なのである。幕末の家相の大家で法隆寺の境内社の神官も勤めた松浦東鶏《まつうらとうけい》の門人であったことは、『方鑑精義大成』の序文に明らかである。

その作品はまだまだ何があるのか知られていない。

カッピと呼ぶ人、カッパという人。奈良ではカッピと言いならわしていますから、やはりカッピなのでしょう。作品はほとんど目に触れることがありませんが、今後研究すべき奈良の画描きの一人です。

一服図　菊谷古馮（葛陂）画　慈雲尊者賛

鹿を描けば右に出る者なし

内藤其淵《ないとうきえん》

秋景神鹿図二枚屏風　内藤其淵画

『大和人物志』を引いておこう。「内藤其淵は興福寺中終（修）南院の代官にして、畫を大箇堂葛陂《かっぴ》に學びぬ。最も能く鹿を畫き、四季によりてその趣を異にす。天保年間（一八三〇～四四）樽井町小刀屋といふ旅宿の店前に、その畫きたる鹿の衝立ありしに牡鹿《おす》これを眞鹿と見誤り、突如として入り来り突き破りたることありきといふ。不幸にも家貧にして各處に食客となり、畫きしもの多きを以て、價貴からず。初め水門に住せしが、晩年芝突抜に住居せり。」

鹿は月々に姿を変ずるという珍しい動物だ。夏は夏毛となり鹿《か》の子《こ》斑が美しく、冬は冬毛となって雄は両角が硬化する。満一歳は棒状で枝分れなく、二歳になって枝分れ一段（一叉二先）、三歳で枝分れ二段（二叉四先）、八歳頃が最も立派で、十二歳以降は老化して貧弱となる。この角は毎年生え替わるから、春先の袋角《ふくろづの》から秋の硬化まで、毛色と共に月々姿を変えるので、其淵の十二ケ月にわたる屏風も存在する訳である。どんな高名な絵描きでも、そこまで鹿の生態に詳しくないから、立派な角ある鹿を夏毛で平気で描いている。もちろん冬毛は絵面も悪く仕末《しまつ》に悪いが、其淵はそれを精写してなおかつ品格を有する。なにせ幼少から鹿の群れの中に身を置いて観察し尽くしたというから、百態の鹿の様子をも見事に描き分けることが出来たのだ。

鹿にもそれが絵とはわからなかった程である。

自然光の中で其淵の鹿を撮りたいというカメラマンの希望から、木漏れ日の屋外へ屏風を持ち出しました。天忠組（67頁）の生存者である北畠治房男爵は、大和の古器古物に精しく、その箱書に、かつて暖簾の所に揚げた其淵の鹿の絵を、通りかかった雄鹿が、角で突いたのだという上記とは別の話を誌しています。

愛犬父可祝

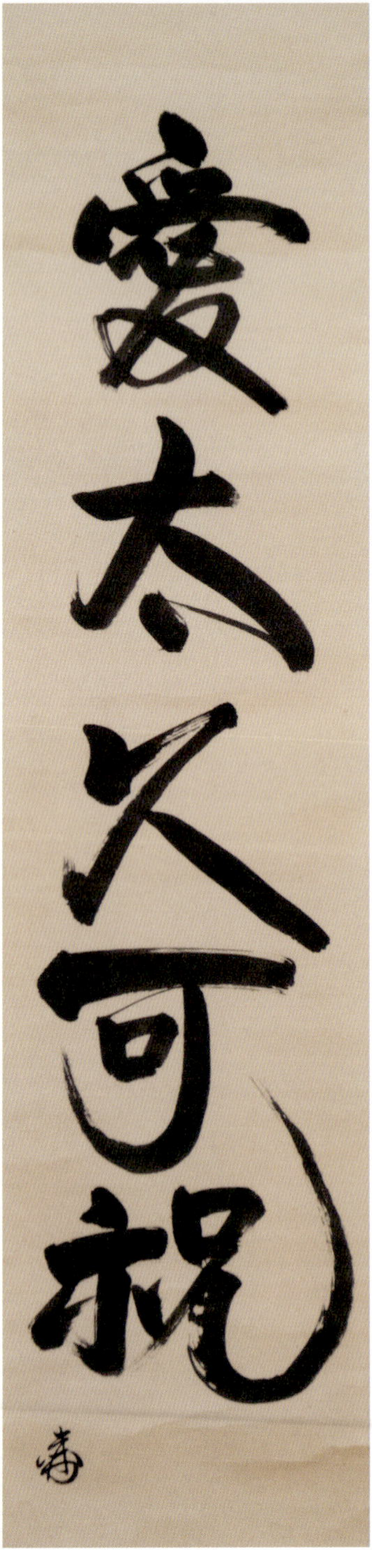

維新の魁、勤皇の志士

天忠組《てんちゅうぐみ》

文久三年（一八六三）八月十七日、大和五條代官所が襲撃された。世にいう「天忠（誅）組の変」である。九月二十七日に壊滅するが、明治天皇の叔父にあたる公家・中山忠光（十九歳）を主将に、総裁は土佐・吉村虎太郎（二十七歳）、備前・藤本鉄石（四十八歳）、三河・松本奎堂（四十四歳）らを始め総勢六十数名。後に十津川郷士がこれに加わった。最高齢は幕末きっての歌人で書記方を勤めた伴林光平（五十歳）であった。「一心公平無私」を掲げて戦ったが、もちろん暴挙であった。元より自ら天忠組と名乗った訳でなく、誰言うとなく天忠組と呼ばれたという。天忠の忠は、誅や朝とも書かれるが、書記方の光平は忠の字を用いている。

わずか一ヶ月で敗退したが、維新の魁《さきがけ》として、それを加速させたことに間違いはない。

二十代の若人が、国や民の幸せを想って一命を捧げたという事実は、語り継いでいかねばならない。志士の多くが命を落とした、現奈良県東吉野村では、百五十年を経た今も、香華を手向《たむ》け、その菩提を弔い続けている。軍をおこした志士も、また国の秩序を保つために戦った各藩の士も、共にその労苦を忘れてはならないと思う。

武士《もののふ》のたしなみとして、志士の詠んだ和歌を記しておこう。

藤本鉄石

雲をふみ　岩をさくみし　もののふの　よろひの袖に　紅葉かつちる

伴林光平

雲をふみ　嵐を攀《よ》ぢて　み熊野の　果無山《はてなしやま》の　果ても見しかな

民俗学者宮本常一は吉野の採訪をした時、維新当時のことを知る老人等から天忠組に仇した村には不幸がおとずれたとの伝承を書き留めています。無謀ながらも世直しを志して、散っていった人々に、大和の民は哀れを感じていたのです。

愛太久可祝（めでたくかしく）一行　伴林光平筆

古器古物の流出に涙した

奈良博覧会《ならはくらんかい》

奈良博覧会社の社長を勤めた植村久道の家は、明治十六年県下で初めての酪農を始めました。今も続く植村牧場は、天皇陛下が奈良行幸の際に御料牛乳として、今も奈良ホテルへ運ばれています。

東大寺大仏殿鐙瓦硯（あぶみがわらけん） 興福寺一乗院伝来、奈良博覧会出陳、中村雅真旧蔵

奈良県で初めて発行された新聞が『日新記聞《にっしんきぶん》』。その十号に維新以来奈良の産業は疲弊し、今は春日や大仏という名勝に頼らざるを得ぬと、産業から観光へと大きな舵をきらねばならんと言っている。折しも維新そして神仏分離令によってあまたの社寺も荒廃し古器・古物が民間へと流出した。大和の社寺に伝来した、すばらしい美術工芸品を骨董業界では「大和古物《やまとこぶつ》」と呼ぶ。

これらの古物は多く外国へも売却されるに及び、国は明治四年（一八七一）に「古器旧物保存方」を定め、その保護を講じた。その翌年には文部省が近畿東海の古社寺の宝物調査を行った。これが世に言う「壬申《じんしん》調査」である。

この調査に従事したのが文部大丞・町田久成《ひさなり》や文部省出仕・蜷川式《にながわのり》胤《たね》で、その成果をふまえて、蜷川が奈良県権令・藤井千尋を動かして、「奈良博覧会」開催を計画し、東大寺龍松院に奈良博覧会社の本社を置いた。社長は正倉院宝庫鍵預《かぎあずかり》を勤めた植村久道であった。

その目的は古器・古物の保存を啓発し、殖産興業のため、古器・古物の模写事業とその販売であった。

大和には古来社寺に関する神宝・宝器また調度を調進する職方が存在し、高度な技能を伝承していたからこそ、正倉院等の宝器の修繕や模写が着々と進んだのである。それらの技術者を保護するためにもこれらの事業は大きな意味をもった。

会場は東大寺大仏殿廻廊、大和の古社寺や旧家から出品された宝物が一堂に展観された。正倉院宝物も展覧されている。『奈良博覧会物品目録』をよすがとして、その宝物伝来の軌跡をたどるのもまた一興である。

両親に真心を尽くした
幼き少女

孝女《こうじょ》もよ

天明元年（一七八一）、紀州の鎌田一窓なる人が、『和州和田邑孝女茂代傳』を上梓した。

茂代《もよ》は和州添上郡田原郷和田村（現奈良市和田町）に実在した人物で、元は中之庄の上村義八の娘であったが、生まれるとすぐに和田村百姓藤四郎の養女となり育てられた。しかし養母は惣身の痛む病で床を離れられず、茂代は九歳から母の看病をひきうけ、二便の掃除も行き届き、朝夕の食事の用意も怠ることは無かった。貧しい中にも諸所の医者を呼び医術を尽くした。ある時南都の鎌薬を求めたところ少々快くなったが、手元不如意の為、薬科の続かぬことを悲しみ、農作業や看病の合間に「苧紡《おう》み」（奈良晒の麻糸を紡ぐ作業）を覚え、朝は人より早く起き、夜は人の寝静まる迄作業をした。子供の手技ゆえその収入も少なかったが、人々は茂代には高科に支払いをしたという。

母は長い病の床に、時には無理なことを言うが、茂代は一切背くことなく、いやな顔一つせずいつも「アイ〳〵」と素直に仕える姿を見て、感じ入らない者は一人も無かったという。ついに村役人こぞりて領主藤堂和泉守に茂代の孝養を申し上げ、安永四年（一七七五）、十一歳にして藩侯より御褒美を頂戴した。

後年京の某氏、茂代の孝養に感じ入り、その旧宅の屋根の煤竹を貰い請け、手づから物指百本を作って、「是《これ》は人の子たる者の規矩《じょうぎ》にせよ」と配り歩いたという。

孝女もよのおこないを後世に伝える。
『和州和田邑孝女茂代傳』　天明元年刊
紀州鎌田一窓記

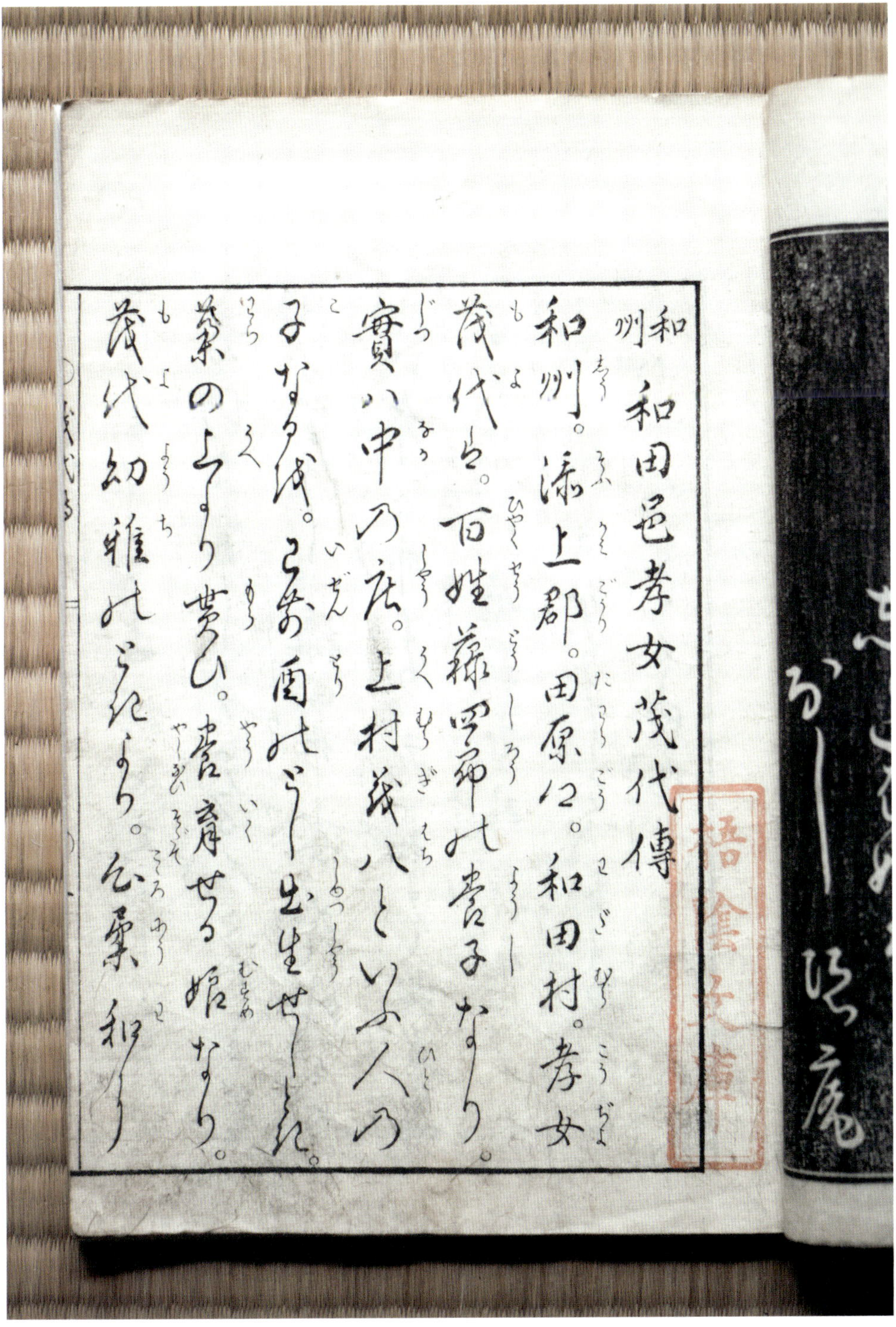
和州
和田邑孝女茂代傳
和州《わしう》。添上郡。田原ノ。和田村。孝女《かうぢよ》
茂代《もよ》ハ。百姓《ひやくしやう》藤四郎が息子なり。
實《じつ》ハ中乃庄。上村茂八といふ人《ひと》の
子《こ》なる故。已前《いぜん》両親ニ出生せしかれ。
藤のより世話ひ。養育《やういく》せる娘《むすめ》なり。
茂代《もよ》幼稚《ようち》ハじろより。心栗和らし

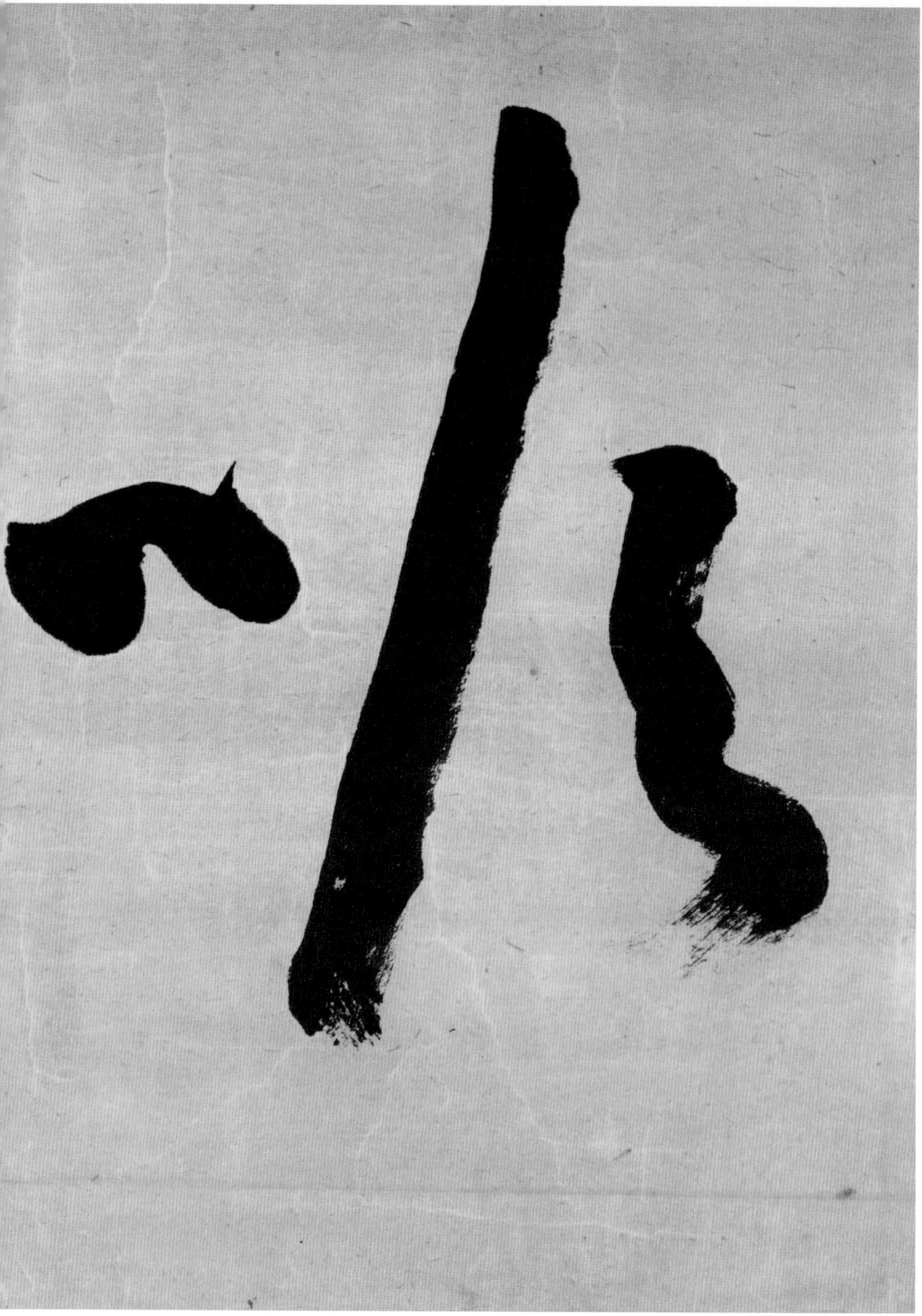
水

なかなかに成し難いのは親孝行です。今も昔も変わりはありません。故に孝子・孝女を手本としたのです。しかし戦後は全く見向きもされません。こんな世の中でこそ、再び孝子や孝女に思いを馳せたいと思います。

「唯」一字幅　孝女もよ筆

第三章

大和のたくみ

大和という土の上で、
思いを尽くし、
きわめ・みがき・つたえてきた
あまたの技と、匠たちがいる。

古赤膚雲鶴黄瀬戸写茶碗

古窯・旧窯・新窯と変化に富む

赤膚焼《あかはだやき》

大和伝統の焼物である赤膚焼は、古窯・旧窯・新窯に分かれるという考え方がある。

古窯は土師《はじ》氏の焼物から、中世に形成された神仏への供御器製作の「春日赤白土器座《かすがあかしろどきざ》」「西京土器座《にしのきょうどきざ》」までをさし、旧窯は豊臣秀吉の弟、大和大納言秀長《やまとだいなごんひでなが》が郡山城に入城した頃、常滑から陶工・与九郎を召し寄せて開かせた窯をいう。新窯は寛政年間（一七八九〜一八〇二）に、郡山藩主で茶人大名としても名高い、柳澤保光《やなぎさわやすみつ》侯（尭山《ぎょうざん》侯）の「お心入れ」の窯として出発した窯をさす。

資料的には新窯を以て、現在の赤膚焼の祖型と考えておくのが無理がない。

尭山侯は京の陶工・丸屋次兵衛を招いて藩主お好みの作陶に従事させたから、唐物《からもの》から高麗物《こうらいもの》、数々の国焼の写しをこなしている。柳澤家の親戚筋に当る伊達家の江戸下屋敷跡より赤膚焼の破片が出土しているから、贈答用として高度な製陶技術を有していたことがわかる。

名工・奥田木白以前の赤膚焼を、私は「古赤膚」と位置付けしている。

古赤膚焼茶碗の土に捺された「赤ハダ」印。赤膚焼の源流は至って古いのですが、現在の赤膚焼の先祖は江戸時代という新しいものになります。赤膚全体の像が掴み難く、とにかく訳の解からない厄介な焼物なのです。窯の実態も、そして作品もよく解かっていません。だからこそ全貌を解明したいという闘志がわくというものです。

赤膚焼の妙手

奥田木白《おくだもくはく》

轆轤、施釉、絵付と三拍子揃った木白の茶碗。木白は名工です。しかしその作品が数多観賞できる機会は、没後百年展、百五十年展などの五十年に一度という現状です。こんな素晴らしい人の作品を常設で展示する場所の設置が待ち望まれます。
仁清写田植画茶碗　奥田木白作

「木白」は本名を武兵衛といい、家は郡山藩の御用小間物商「柏屋」で、柏の字を二つに分けて名乗った俳名が木白なのである。寛政十二年（一八〇〇）に生まれ、明治四年（一八七一）で他界するが、天保六年（一八三五）から趣味で始めた楽焼が、ついに本業になり土質や釉薬の研究に苦心し、尭山《ぎょうざん》侯の赤膚焼《あかはだやき》が目指した「諸国焼物模物」、つまりあらゆる作品の写し物を造ることを得意とし、しかもそれを芸術の域にまで高からしめた立役者と言っても過言ではなかろう。

木白自らも作陶したことは勿論、木白工房としてあらゆるジャンルの焼物に挑戦し、かつすぐれた意匠力を駆使して、茶陶にとどまらず雑器にまでその作陶域を拡げたのである。今もってその作品の全貌はつかめていないのが実状だ。

息子は佐久兵衛で「木佐《もくさ》」というが、父と同じ判を用いたため、未だその作品の区別はつけ難い。木佐は文政九年（一八二六）生まれで、明治十二年（一八七九）に没するから、父の没後単独で作陶した訳だが、その実態はわからない。ただし早くより、父を超す技倆の持ち主であったことが知られており、木白の作品群には土臭さのある物と、実に洗練された作品があることは事実であるからして、この洗練された作品こそ「木佐」の作ではなかろうかと考えられる。

赤膚焼中興の祖

松田正柏《まつだしょうはく》

　赤膚焼には三つの窯があったという。「中の窯」は柳澤尭山侯がお心入れの窯。西の窯は「惣兵衛窯」といい、よく実態はわからない。東の窯は住吉屋石蔵の息子半蔵が一代限りの約束で「錦恵山」を名乗った窯、その後養子の山口甚次郎が継承し、一族の石川陶斎・柏斎兄弟が引き継いで、盛んに煙を上げていた。場所は五条畑あたりだったという。

　その窯を采配していた人が石川兄弟の妹を娶った松田正柏であった。正柏は本名を弥十郎といい、明治十六年（一八八三）に生まれ、昭和十二年（一九三七）に五十五歳で没した。独立して窯を薬師寺門前に築き、そこで作陶していた。

　正柏の評価は様々で、当人は経営者で

薬師寺門前に窯を築いていた正柏。早くから現代感覚にもマッチした作品を作り続け、その先見性というか自由さには驚くものがあります。鬼の念仏香合（左）、鏡餅に鼠香合（右）　ともに初代松田正柏作

旦那であるから、常日頃は郡山の洞泉寺あたりで遊んでいて、良い職人を数多抱えていたという話やら、稀にみる陶匠で、気に入らぬ作品は一点たりとも表へ出さず、すべて壊してしまったとも聞く。三越などは焼き上がる前から窯ごと予約する「窯買い」をしていたともいう。確かに正柏はデザインにも抜群の才を有し、赤膚焼本来の特質ともいうべき、あらゆる陶法を駆使する「焼物の八宗兼学《はっしゅうけんがく》」を地で行い、本来の赤膚が目指した本流を歩んだ人なのである。大正から昭和にかけて赤膚の名を高らしめた、中興の祖的存在であろう。

　小物や細工物に優れた作品があるのは、抱え職人徳田某《なにがし》の作であるという。息子は富佐雄といい、二代正柏を継承。大正四年（一九一五）に生まれ、平成四年（一九九二）に七十八歳で没した。学究肌の人で多作しなかったという。

　箱書きは初代が能筆だ。

極小の絶技細刻の大家

岡橋三山《おかはしさんざん》

わからぬ人である。いつどこで果てられたのかもわからない。おそらく昭和三十年代に八十何歳かで亡くなられたようである。場所は姫路あたりかも知れない。

大和の吉備（現桜井市吉備）の名望家の出身だが、若い頃の乱行を咎められて出奔されたらしい。

しかしその技は、妙技というか絶技というか、かの有名な彫刻家市川鉄琅をして、「あの技は、誰にもマネ出来ん」と唸らせたという話を洩れ聞いている。

たとえば自作の茶杓に刻まれた文字。ルーペで見ても読みづらい程の「細刻」だ。しかもその字をなんとか彫りつけたというのではなく、達筆なのである。

かつて奈良の水門町に工房を置き、近鉄奈良駅前の噴水の行基菩薩の祖型を刻した、中西弘馨（本名は重久）氏が、「三山先生の彫刻の道具は私が頂戴しているので、是非見に来て下さい」とおっしゃって下さっていたが、先生はその後他界された。惜しいことをしたと悔やんでいたが、不思議なご縁で遺品を整理されている弘馨先生の娘さんと遭遇、今その道具は私の手元にある。

材も一級の物を選び、真夜中に黙々となしえた作品が三山の細刻です。漢籍や国典の素養があり、かつ書も流麗。その細刻もおのずから美しく、三山という人の体にしみついた教養の発露がこの作品と見なければなりません。

般若心経並びに頼山陽漢詩細刻茶杓　岡橋三山作

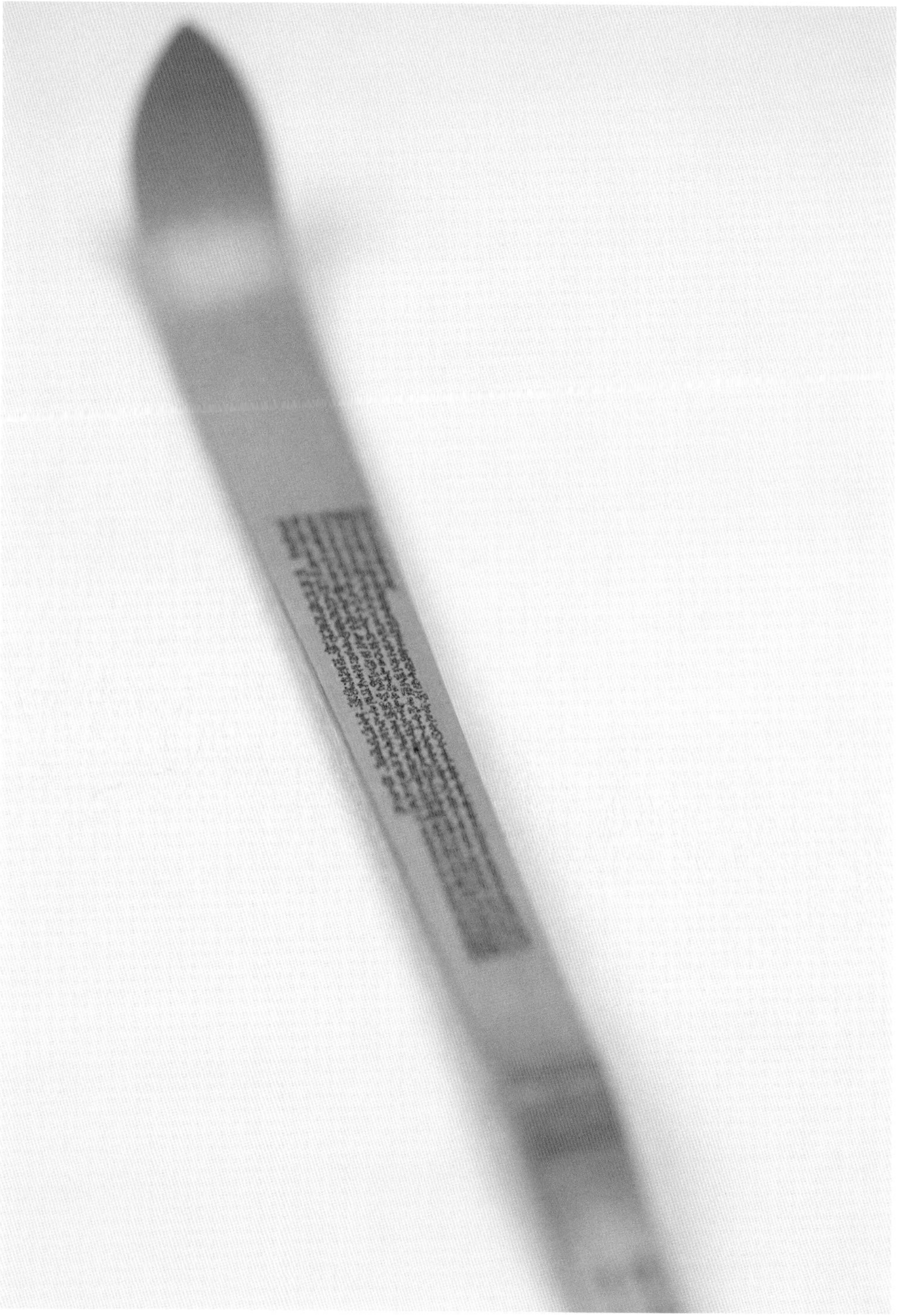

造形の瓦師

安井出雲《やすいいずも》

安井出雲は法隆寺の市場に住む、代々の瓦工《かわらこう》で、「三国一の土人形師」とも称された人である。名は彌兵衛、瓦焼製法による土人形は正に名人技で、精疎の使いわけが絶妙だ。

作品は至って少なく、大和ではかつて垂涎《すいぜん》の古物だった。何故に少なかったかというと、納得のいく品しか出雲は世に遺さなかったからである。

面白い話が伝えられている。

かつて赤膚の名工奥田木白と安井出雲が、郡山侯に召し出され、殿様より「お前らは日本一じゃ」とお褒めの言葉をいただいたという。恐れ入っての帰途、木白が出雲の方を見ると、何やらむつかしい顔をしている。出雲は「ワシは世界一じゃ」と怒ったのだと言い伝えられている。

出雲はよほど富士山を好んだとみえて、富士の置物・香炉・香合などが知られる。また茄子の香合や牛も佳品が遺っている。

山村御殿圓照寺《やまむらごてんえんしょうじ》（大和尼門跡の随一）に伝わる富士の香炉は大きいもので幅四十一センチ・奥行二十九センチ・高さ十九・五センチである。

写真の富士は新発見の物で、現今確認出来る中では最も大きな作品だ。

昔の大和の人は安井出雲をよく知っていました。しかし現在の大和の人は出雲を知りません。どこで途切れたのかわかりませんが、物識りといわれる人が、その土地その土地に育っていって下さることを望んでいます。

富嶽置物　安井出雲作

自然に逆らわぬ出雲の作風

「みやび」と「ひなび」が共存する 奈良人形《ならにんぎょう》

節供人形　享和三年　岡野松壽保伯作、
菖蒲図幅　岡本豊彦画

奈良人形は神に捧げた人形だ。ゆえに清浄を第一と考え、ほとんど手数を加えておらぬことを示すため、「一刀彫《いっとうぼり》」の称を得た如く、一刀で荒々しく彫り上げたような風合いを大切にしてきたのだ。

またそれを補うかの様に、「春日《かすが》画所《えどころ》」と呼ぶ絵かきによって極彩色を施すという、まさに「みやび」と「ひなび」を兼ねそなえた、日本でも稀な人形なのである。その始まりは、平安朝にまでさかのぼる。

かつては興福寺所属の「檜物座《ひものざ》」がその技を伝えたが、江戸時代に至り、西御門《にしみかど》檜物師《ひものし》右衛門太郎《うえもんたろう》の流れをひく、「岡野松壽《おかのしょうじゅ》」が世に言う「春日有職《ゆうそく》」として明治迄十三代、厳格に神事人形の手技を伝承してきたのである。

代々松壽を名乗ったが、九代松壽（保伯《やすひろ》）から作品に銘を入れ、箱書きを行うようになったという。

以後十代保久《やすひさ》・十一代恒徳《つねのり》・十二代惟孝《これたか》・十三代保徳《やすのり》と続く。どうやら昔は、家業と心得ていたが為に、誰の作か否かは頓着しなかったようで、代々同じ印を使うし、どれが何代目の作かというその特定は出来なかった。

研究十年を経て、やっと保伯生存年代の記年銘を持つ作品を見出すことが出来た。享和三年（一八〇三）作の松壽保伯の五月人形である。

奈良人形の特徴は一に質朴（彫・彫刻）、二に絢爛（彩・彩色）、三に雅味（風・風趣）、四に趣向（体・総体）だと思います。岡野家九代の保伯は文化七年（一八一〇）七十一歳没、保久は文政八年（一八二五）五十八歳没、恒徳は天保十四年（一八四三）四十二歳没、惟孝は明治十七年（一八八四）六十一歳没、保徳は明治三十四年（一九〇一）五十五歳で没し、松壽の家業は十三代で絶えました。

絶技の彫刻師

森川杜園《もりかわとえん》

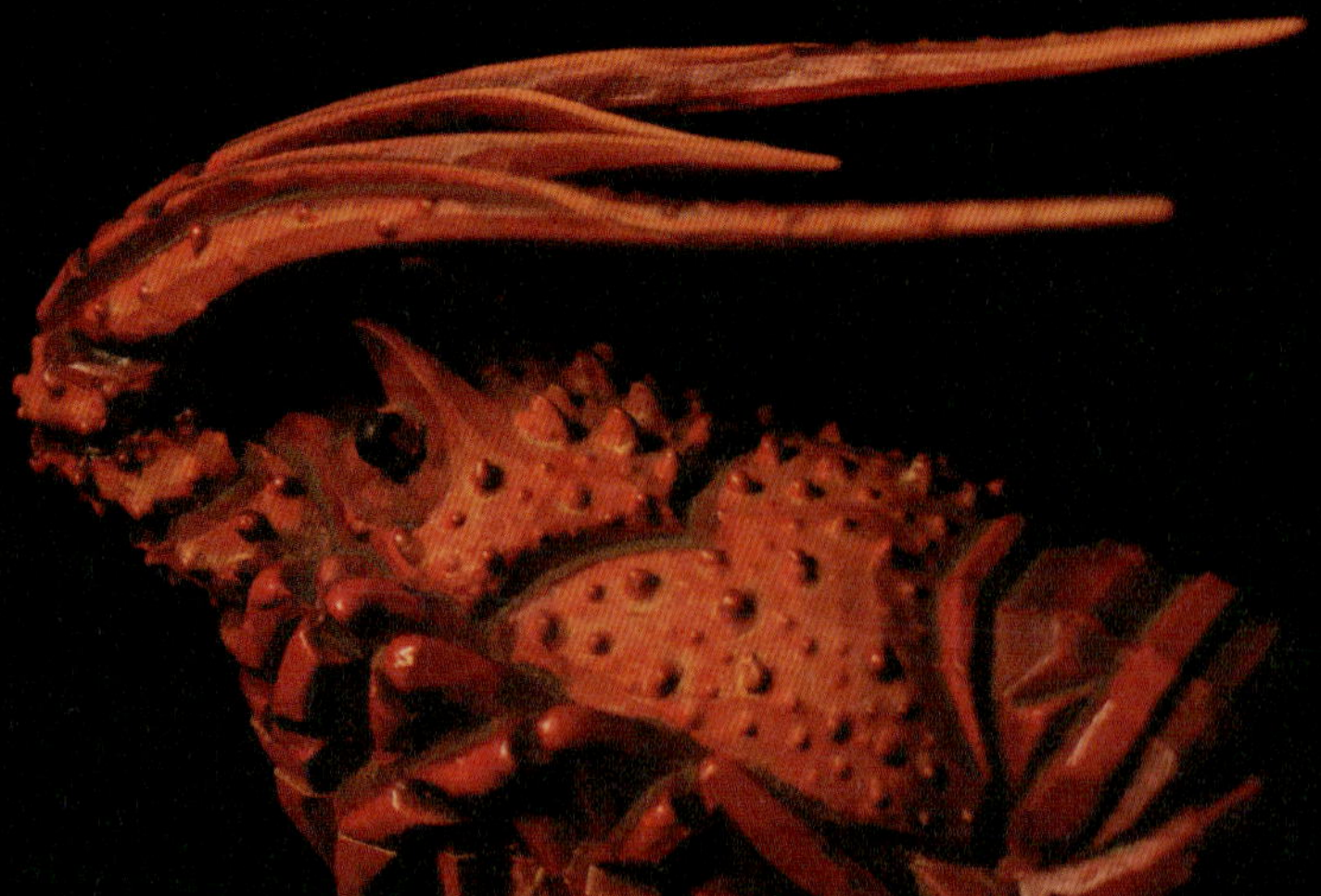

奈良でこれだけ神格視された匠はいないだろう。

杜園の使いかけの絵具や筆を持っていると誇る者。看板を火鉢にしてほほえんでいる人。奈良にはそんな杜園の蒐集家がいる。

杜園は三業と呼んで、画技・狂言・彫芸のいずれでも身を立てられると言っていた。

画は天保三年（一八三二）に内藤《ないとう》其淵《きえん》に入門して、精緻な下図を遺しているから、余程考え抜いて筆を持ったであろうことがわかる。彫技の方もその性格からして究め尽くしたようで、奈良人形の宗家的存在であった岡野《おかの》松壽《しょうじゅ》の作品を写して更に改良し、独自の境地へと進んでいった。殊に正倉院を中心として、古器古物の模写は絶技と評されるべきものだ。実に四業を操った人ともいえよう。

写生の紙片にも署名しているからして、ほとんどに銘を入れる。しかし高砂《たかさご》人形だけは箱書きのみで、ほとんど本体には銘を入れていない。

あまり弟子は取らず、中條良園《ちゅうじょうりょうえん》ぐらいで、指導を受けた人に瀬谷桃《せたにとう》源《げん》がいる。晩年の弟子は、後に東京美術学校教授となった佳園《かえん》・水谷鐵《みずのやてつ》也《や》である。

かつて杜園は私的に「春日繒師《えし》職《しょく》」を名乗ったのだと主張してきた私だが、近年天理図書館に所蔵される、繒師株の譲り受け証文を知り、誠に申し訳ないことをしたと思っている。

明治二十七年（一八九四）に七十三歳で没した。養子杏園《きょうえん》は、父と不仲で牙彫りに進み、父より先に世を去った。

腰を折り屈めて、今にも動きそうな杜園の伊勢海老の木彫香合。杜園や奥田木白の履歴を世に示し、かつ其の業績を称揚した人は、奈良女子高等師範学校（現奈良女子大学）教授の十五堂こと水木要太郎でした。「大和の水木か、水木の大和か」とまでささやかれた水木十五堂が誌した杜園伝、木白伝は、当人の身近な人々が生存中に調査されたもので、基本中の基本資料となっています。
伊勢海老香合　森川杜園作

謎の

南都土風爐師

上田宗品《うえだそうほん》

宗品という雲華焼《うんげやき》の名工がいる。その詳細は知られていないが、灰器《はいき》や蓋置《ふたおき》が珍重される。手焙《てあぶり》や火入《ひいれ》も佳品が多く、他には香合《こうごう》や風炉《ふろ》・釜《かま》も面白い。ただし釜は小振りである。

その箱書きには「南都土風爐師《なんとどぶろし》」と署名しているから、自らは土風炉師を以て任じ、帰属は南都であったことがわかる。

しかし宗品の住いは南山城の梅谷で、現京都府木津川市梅谷に相当する。南山城の相楽郡辺は文化的には南都に属し、南都の寺々の末寺が多く、かつては南都の高僧の隠棲地とされたのである。

鹿背山焼《かせやまやき》の研究家春田明先生が宗品の縁族を求めて梅谷に入られ、位牌を発見。戒名は「上誉宗品禅定門」といい、没年は安永七年（一七七八）六月四日で、従来の明和六年（一七六九）説をくつがえされた。

宗品には「必良斎《ひつりょうさい》」や「崇仰《すうぎょう》斎《さい》」の箱書きもあるようで、二代・三代の存在も囁かれているものの、未だ定かではない。

火入れにも転用できそうな香炉を、舞楽装束（蘭陵王）の浮織裂の帛紗に載せました。地味な焼物でありながら品格がそなわる秀品です。巧みな作品を遺した宗品の洗練された感覚は、大和を背にした南山城という土地の品格を示すものに他なりません。

雲華焼香炉　上田宗品作

大陸の文化を満喫した

朱北樵《しゅほくしょう》

明治十六年（一八八三）、滋賀県甲賀郡信楽町に、甲賀郡長松田宗寿の長男として生まれ、本名は松田茂。東京美術学校に進んで、彫刻を学ぶ。明治三十九年（一九〇六）中国に渡り、清朝両江総督・端方氏の役所に入って書道の大家・李瑞清（清道人）の指導を受けた。昭和九年（一九三四）帰朝、「今鉄斎」ともてはやされた。北樵は書・画・陶芸にすぐれ、伊勢四日市、次に石川県金沢で築窯し、奈良の生駒に不老洞を築き、幅広く活動した。無類の芸術手腕を発揮して、京都大丸・大阪東京の高島屋や三越で個展を開催している。しかし才ありすぎて事業に破綻して信州に移住し、昭和三十年、飯田の尾林窯にて二年間作陶、松本市里山辺御母屋に開窯、「信州新陶」と名付けて作陶を続け、ついに昭和三十五年五月三十日、七十七歳で没した。

殊に奈良との関係は妹敬子が、東大寺の清水公俊師に嫁ぎ、その娘俊が東道睦治を婿に迎えた。この人が後の清水公照《しみずこうしょう》師なのである。そんな理由もあったのか県下の社寺には北樵の作品が多く蔵されている。

その作域は大層広く、絵画も多種多様であるが、やはり大陸の風物を写したものに趣が深い。北樵の弟子は天理の長柄に臍見《ほぞみ》焼を開いた松井《まつい》菁人《せいじん》氏で、なかなかの巧者であった。

朱北樵は中国で鋸体（のこぎりたい）といわれる書体を李瑞清から学び、満州浪人として馬賊と起居を共にしたともいい、山西省軍閥の閻錫山（えんしゃくざん・抗日戦後に国民政府行政院長となったという）に追われたともいいます。兎にも角にも浪漫を秘めた不思議な人なのです。

放翁詩意人物図幅　朱北樵画　自画自賛

白磁土に染付で細やかに描かれる観音菩薩像からは、大陸に渡り彼の地の書画に直接親しんだ朱北樵ならではの息遣いが感じられます。
観音菩薩絵磁器花入
於不老洞　朱北樵作

和漢の古美術に通じた芸術家

加納鉄哉《かのうてっさい》

鉄哉は大和を愛し、大和に没した。時に大正十四年（一九二五）、八十一歳。奈良高畑裏大道の、最勝精舎と名付けた風流な居宅であった。

鉄哉は岐阜の名家の出身で、家業の没落によって禅寺に身を寄せた。幼少より彫技にすぐれ南宗画を学んだという。二十四歳で還俗して鉄筆画を以て七年間諸国を漫遊し、三十歳頃東京に出て、路傍で鉄筆画を鬻《ひさ》いでいたが、日本赤十字社の創立者・佐野常民に見出され、三十八歳でついに明治天皇の御前で彫技を披露するに至った。四十歳で岡倉天心やフェノロサと共に法隆寺に赴き、夢《ゆめ》殿《どの》の秘仏・救世《ぐぜ》観音《かんのん》を調査したことは有名な話である。後に東京美術学

校の教諭となるが、すぐに下野《げや》した。
彫刻や絵画そして書にも優れ、煙草入《たばこいれ》や火鉢や仙媒《せんばい》などの道具類も多く制作した。殊に絵については格別の思い入れがあったと聞く。鉄哉は実に多くの弟子を育て、かつ制作活動も盛んに行った。

奈良には鉄哉が若年、古仏の研究や、町田久成の命で正倉院御物の模写事業に従事するなどして往来していたが、七十六歳で定住した。

近年加納家の菩提寺である岐阜の眞聖禅寺の住職村瀬光春師によって、まだまだ知られていない鉄哉の事蹟が明らかにされつつある。

鉄哉が心にのこる容貌を彫り留めたという根付十種。鉄哉さんは財布を持った事が無く、好みの骨董があると、両手で捧げて「感得!!」と言ったとか。これはこの品を鉄哉が買い受けたということだったそうです。
十人十色根付　加納鉄哉作

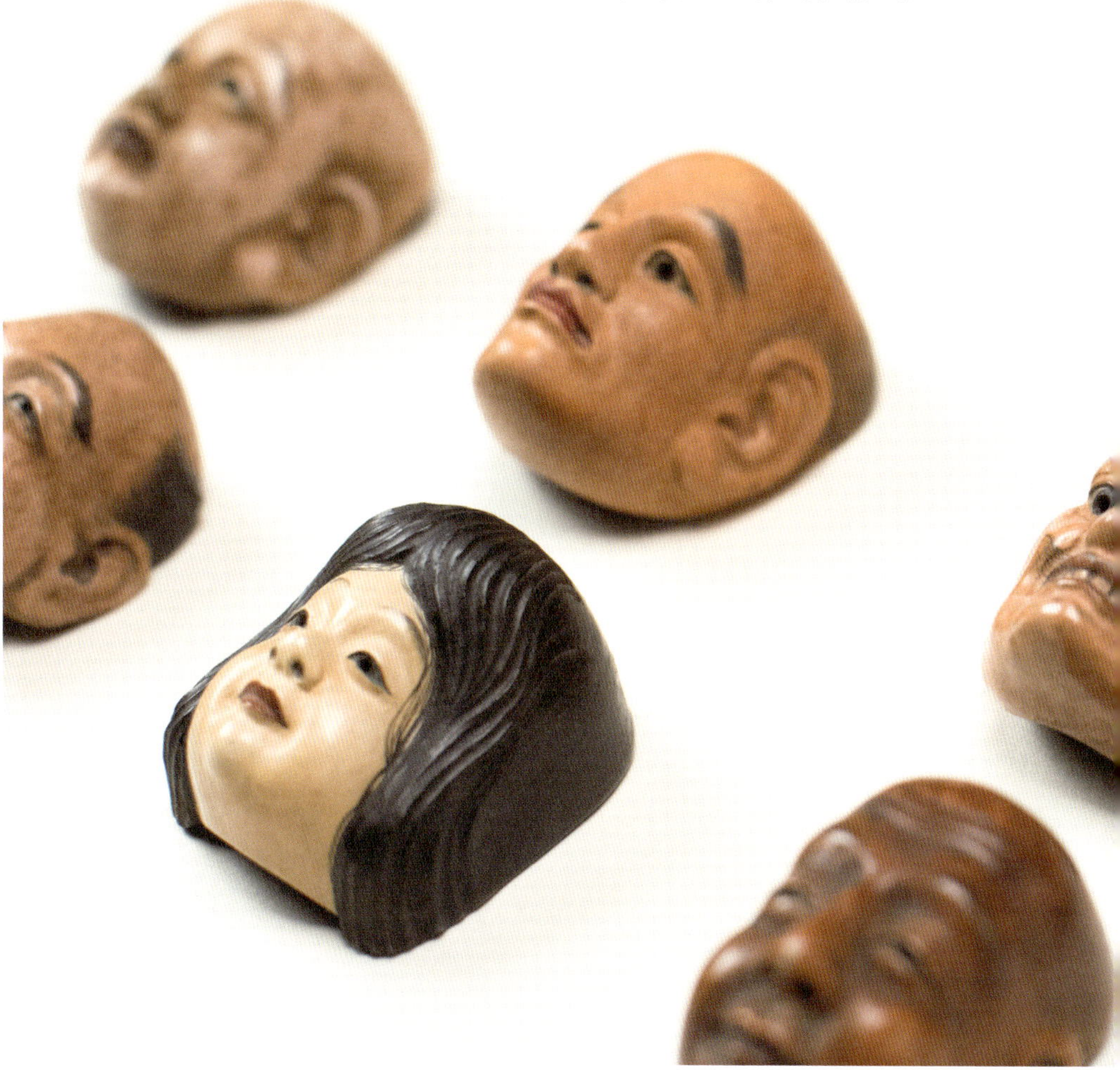

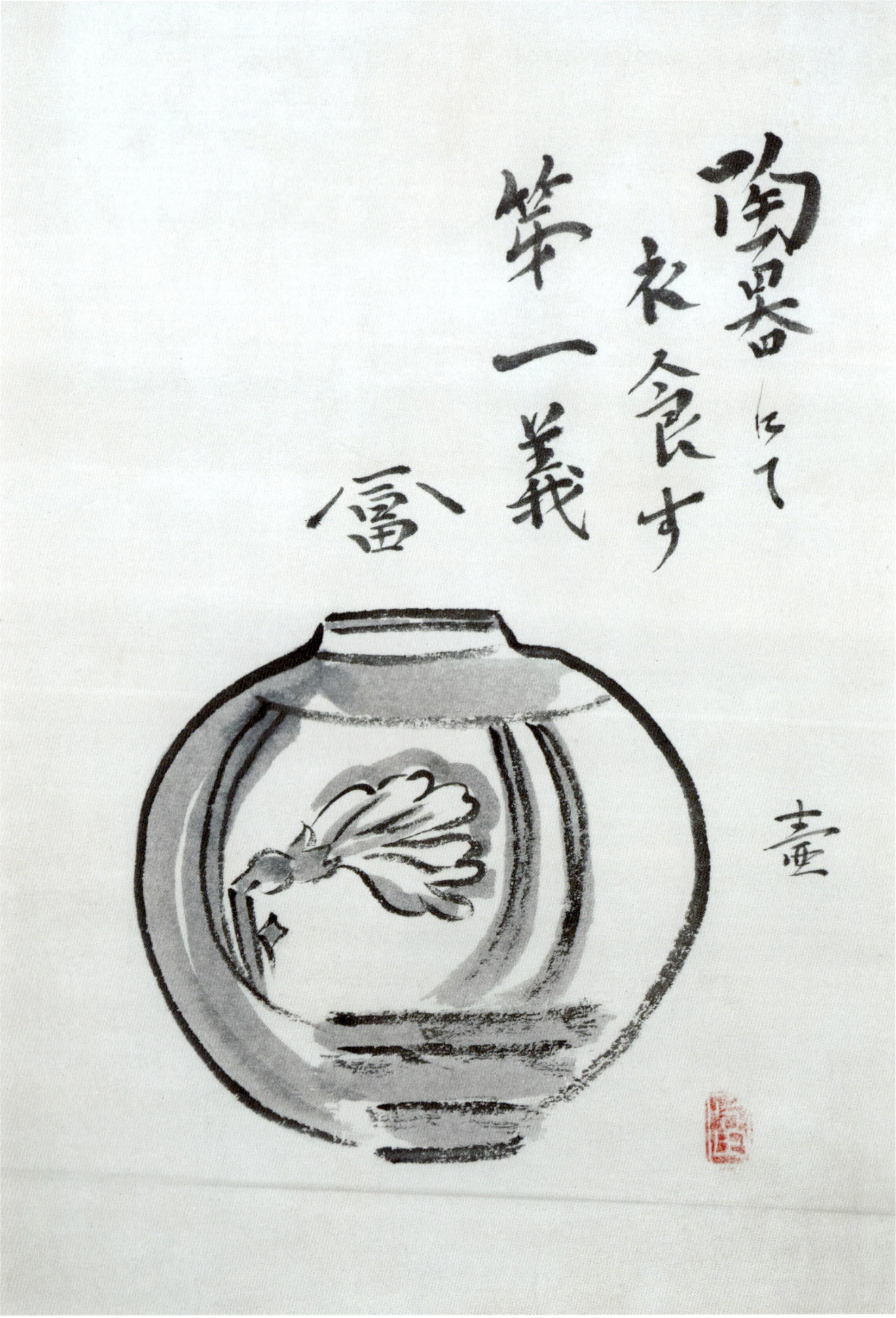
陶器にて
衣食す
第一義
富
壺

大和の逸材

富本憲吉《とみもとけんきち》

安堵町にある富本家の建物は、蒐集家により資料館として富本憲吉作品を展観していましたが、惜しくも閉館、作品も散逸してしまいました。存続を望む地元はじめ色々な人が尽力され、今は奈良の篤志家が骨董商より購入、新しい展開が期待されそうです。
壺図幅　富本憲吉自画自賛

富本憲吉は「創作」の人である。明治十九年（一八八六）、奈良県生駒郡安堵村東安堵（現安堵町東安堵）の大地主富本家に生まれ、県立郡山中学に進んだ憲吉は、東京美術学校の図案科へ入学し、建築を専攻、室内装飾を学んだ。在学中、日本画は川《かわ》端玉章《ばたぎょくしょう》、西洋画は岡田三郎助、建築は大沢三之助らの指導を受け、同好会のマンドリン部では藤田嗣治《つぐはる》らと親交する。卒業を目前にイギリスに留学、ステンドグラスの実技を学び、美術館に所蔵される各国の工芸品に感動し、連日その意匠のスケッチに励んだ。卒業後イスラム建築調査中の文部省新家技官の助手に採用され、パリからマルセイユ、カイロ、インドをまわり益々触発され帰国の途につく。船中同乗した画家レジナルド・タヴィーと親しくなり、その少年時代からの友人バーナード・リーチを紹介された。リーチはイギリス人であるが幼少期に日本で暮らした経験があり、芸術家を志しロンドンのスレード美術学校に進み、留学中の高村光太郎と出会い、日本への郷愁から東京へと居を移したのだ。帰国後、憲吉はリーチと共に訪れた上野の博覧会場で楽焼の絵付けを体験したことがきっかけとなり、リーチと共に陶芸へと傾倒する。

憲吉が殊に意を尽くしたのは、新しい意匠であり、新しい模様の作出であった。自らの作品はもとより、大衆に愛される食器をも制作した。就中故郷安堵の風景を描いた作品は心惹かれるものがある。多くの村人にもさりげなく作品を与えたともいい、事実富本憲吉の作品を猫の皿に使っていた家もあったという、笑い話がのこされている。なお憲吉先生は陶芸のみならず、画・書・染色・木版画も素晴らしいことはあまり知られていない（参考・松本龍一「富本憲吉の軌跡」）。

清貧の陶芸家

黒田壺中《くろだこちゅう》

日本で逸早く、明治期に琉球《りゅうきゅう》へ渡り、その地の工芸品にあこがれた、黒田理平庵（庄治郎）とその息子壺中（幹三郎）は、彼の地で陶工を集めて「琉球古典焼」を始めた。後に人間国宝になった金城次郎氏もその一人であったと聞いている。

民藝運動の提唱者・柳宗悦《やなぎむねよし》がこの企てを酷評したため、長らく日のめを見なかったが、近年沖縄において再評価され始めている。

昭和七年（一九三二）、黒田は沖縄を引き上げ、故郷の大和へと居を移し、畝傍山《うねびやま》の麓に窯を築いて「畝傍焼」と称し、人形を中心に作陶を始めた。その後、昭和十五年の紀元二千六百年による整備工事に、窯の場所が組み込まれたため、神武天皇畝傍御陵の近くへと転居、「橿原焼」と改称して、黙々と陶技を極めていったのである。

清貧に甘んじ、余技として橿原神宮参詣の人々の土産物として「神代人形」と名付けて埴輪《はにわ》を、そして銅鐸などの土鈴を鬻《ひさ》いで糊口《ここう》を凌いだ。もちろん家族は働きに出て、並々ならぬ援助を尽くされたことは言うまでもない。

常に研究に没頭し、時代考証や彩色の工夫を怠らず、人の寝静まった深夜に作陶したという。

ある時、生活苦から家族が埴輪の価格改正を申し出たが、「修学旅行の生徒さんに、負担はかけられぬ」と一喝したという。

壺中さんの作品は、茶碗などになかなか洒落た物があり、獅子などもさすが沖縄で鍛えた人だけあって、どこから見てもスキがありません。良い作品は四方八方スキが無く、どこから見ても完璧で、かつ小物でも写真で見れば大きく見えるものです。

大黒天像　黒田壺中作

法隆寺五重塔の塑像を壺中が写したものです。昭和天皇が壺中の製作した、献上品を御覧になって、かつて御自身でお求めになった、琉球古典焼のことをお話しになったといいます。
法隆寺五重塔塑像菩薩像写　黒田壺中作

古美術修復に
生涯を捧げた

細谷而楽《ほそやじらく》

新薬師寺の十二神将の中一体は、江戸時代の地震で砕けてしまっていた。その波夷羅《はいら》大将を造ったのが細谷而楽という人である。本名は三郎。群馬県城東町（現前橋市）に明治八年（一八七五）に生まれ、長じて明治三十年、東京美術学校に進み、塑造科で高村光雲《たかむらこううん》に師事。後光雲の推挙によって、文部省の古社寺保存会に勤め、奈良におかれた第二美術院へと移り仏像の修復事業に一生を捧げたのである。昭和十五年（一九四〇）、六十五歳で没した。奈良では水門町に住していたという。弟子には加藤翠園や宮沢甲輔らがいる。

独自の作品はまだまだ把握されておらず、仏像のみならず、干支の丸額や精巧な伎楽面もある。殊に著名な作品は「春日百翁」で、昭和四年、時の宮司江見清風の依頼により、春日の祭礼に伝承される、舞楽・田楽・細男《せいのお》という芸能を伝承するため創設された「春日古楽保存会」の設立資金を捻出するため、金春流の名優桜間金太郎の「翁」の舞姿を写し百体を頒布したものである。

細谷而楽は熱血漢であったといいます。弟子である加藤のヨッチャン（翠園）が酒の喧嘩で警察に拘留された時、身元引受人として出頭した而楽先生。愛弟子が殴られた姿を見て、逆上し、喧嘩相手を殴りとばして、共に拘留されたという話を聞いています。

乾漆法隆寺夢殿宝珠（露盤）　細谷而楽作

由緒正しい宮大工の手内職

春日盆《かすがぼん》

春日の神様の御供物に用いる御盆は、御本殿では御供の伝送に用いる「丸盆《まるぼん》」（大・中・小あり）と、末社では隅入木瓜長方形の「末社盆《まっしゃぼん》」を用いる。殊に大宮《おおみや》・若宮《わかみや》の御内《みうち》にお祀りする手力雄《たぢからおのみこと》社に御供を献ずる「手力盆《たぢからぼん》」には裏に蝶と蜻蛉《とんぼ》の螺鈿《らでん》を嵌入してあり、他の末社盆にはそれがない。いずれも黒漆塗りで面は朱である。

享保二十一年（一七三六）の『大和志』や文化十年（一八一三）の『五畿内物産図会』には記載がないが、嘉永元年（一八四八）に出版された『嘉永刪定・大和国細見図』に「国中名産略記」の記載あり、「春日盆」の名が見える。続いて明治十七年（一八八四）の『大和国名流誌』にも「春日盆匠　ナラ鎌田喜太郎」の記載があって、幕末には土産物としての春日盆を確認することが出来るのだが、全くその実態は知られなかった。何年か前骨董誌で、「春日十六人大工」の署名した欅の素木造りの末社盆を見かけ、二十年毎《ごと》の造替時に大工が木地を造っていることとあわせて、ほぼその筋道が見えていたものの、まさか土産品として造っているとは考えにくかった。

そもそも「春日十六人大工」とは五位の位を有して太夫号を名乗る番匠で、総大工が一人と、本殿五社（若宮一殿を含む）に各三名ずつの棟梁をおいたことからその名がある。途中交替はあるものの鎌倉時代以来連綿と続く、由緒正しい番匠座である。おそらくそれら番匠の手内職ででもあったのか、近年「春日御水茶屋火《かすがおみずぢゃやひ》打焼《うちやき》」の焼印が裏にある春日盆を入手した。「御水茶屋」とは「荷茶屋《にないぢゃや》」とも称し、参詣人が清火で沸かした茶を喫し、心身の清浄をはかったもので、茶請《ちゃう》けの菓子は「火打焼」と決まっていた。その菓子を盛った器に違いなく、こんな姿の大小の盆が売られていたことがはじめて了解出来たのである。

奈良町にある坏手（つくで・神様の土器造りをする職人）の家跡から多数の土器が発掘されました。おそらく社納分の他に、希望者の神棚の土器として頒ったに違いありません。幕末の奈良の書物には春日土器や春日盆も特産物に挙げられています。

春日盆　「春日御水茶屋火灯焼」焼印

大和のたからは、
日本のたから

正倉院《しょうそういん》

近頃は正倉院宝物《ほうもつ》と呼ぶらしい。しかし我々には御物（ぎょぶつ・ごもつ）の響きがここちよい。

天平勝宝八年（七五六）五月二日崩御された聖武天皇《しょうむてんのう》の七七日（四十九日のこと）に当る日に、光明皇后《こうみょうこうごう》によって東大寺に献納された六百五十件にもわたる宝物がその始まりである。皇后は聖武天皇の御遺物を目にされるたび落涙され続けたのである。よって聖霊が「華蔵の宝刹」つまり「梵網経」に説かれるところの盧舎那仏《るしゃなぶつ》の「蓮華台蔵世界海《れんげだいぞうせかいかい》」に到達されんことを希《ねが》い、『国家珍宝帳』という目録を副えて供養されたのである。

目録の冒頭は帝の召された御袈裟にはじまり最後尾はお二人のベッドである「御床《ごしょう》」に終わることが涙を誘う。

皇后はその後三回にわたって宝物を献納されている。中には「除物《じょもつ》」として下げられた物や何らかの理由で「出蔵《しゅつぞう》」されたまま、二度と戻されなかった品も多い。千有余年にわたって「勅封《ちょくふう》」で守られ、ついに神格視された宝蔵であったから、みだりに犯されることは無かったのである。

明治を迎えて、宝物は修理され、更に未来へと伝える準備がなされた。その時多くの奈良の匠《たくみ》が集められ、その方途が講じられた。これらの職人を育ててきた、奈良の偉大さ、懐の深さを考えておかねばなるまい。

流出した正倉院御物があります。おそらく明治に入ってからの混乱期の事ではなかろうかと推測されています。またかつては宝庫修理の都度、取り替えられた古瓦や古材を文房具や茶道具に転用して奈良の人々は珍重したものです。その一方で明治以降、正倉院の宝器の修繕や模写が次々と行われました。これは奈良の社寺の神宝や調度を調進するための職方が伝えてきた技術を以て成し遂げられたものです。

正倉院御物 檜製金銀絵経筒写　吉田包春作

あとがき

骨董の世界で地名を冠した名称は、「大和古物」の他はない。そもそも大和という所は千有余年という長い営みの中で、大きな戦乱に巻き込まれることもなかったために、文化的な断絶の経験を持ちあわせていない。

断絶せぬが故に、生きた人から人へと、伝えて来たものが遺った。その一つに〝技〟がある。

正倉院が千年のヴェールを脱した時、多くの匠がこの宝物の補修・模写に従事することが出来た。その訳は都が平安京へと遷された後も、大和は神仏の都であり続け、日本人の心の拠り所とされて来たからで、社寺の都であったからこそ「神器」「仏具」という最高の調度が必要であり、かつそれを製作する技が受け継がれ、美術・工芸が華開いたのである。

しかし古きがゆえの不都合もある。それは古代の文化遺産に恵まれ過ぎて近世・近代をかえって軽んじてしまうことである。大和の近世・近代の匠や物の研究は、まだまだ不充分なのである。

このままでは少なくとも平城京以来、大和千三百年間の美術工芸史上に欠落の部分を生じさせる事ともなろう。せめてもの事と、陽の当らなかった多くの人々を含め、その品々の美しさと気高さを記録に留め未来へと受け継いでもらいたいと念願するものである。

編集企画を淡交社の福井洋子さん、写真は桂修平君、ブックデザインは大西未生ちゃんにお世話をかけた。そして妻・緑子《のりこ》には花を活けてもらった。

皆さんに感謝である。

平成二十八年春

岡本彰夫

掲載作品一覧

寸法はセンチ単位で表記
掛物は本紙のみの寸法です

P14
法隆寺古材（白鳳）平棗
法隆寺前管長佐伯良謙師之福一字　市川銕琅作
高5.2×径7.2

P16・18－19
紺紙金泥添品法華経切
平安時代　西大寺伝来　依水園旧蔵
縦20.5×横48.0

P8－9・11
春日祭図
絹本着色
江戸時代　縦35.0×横65.0

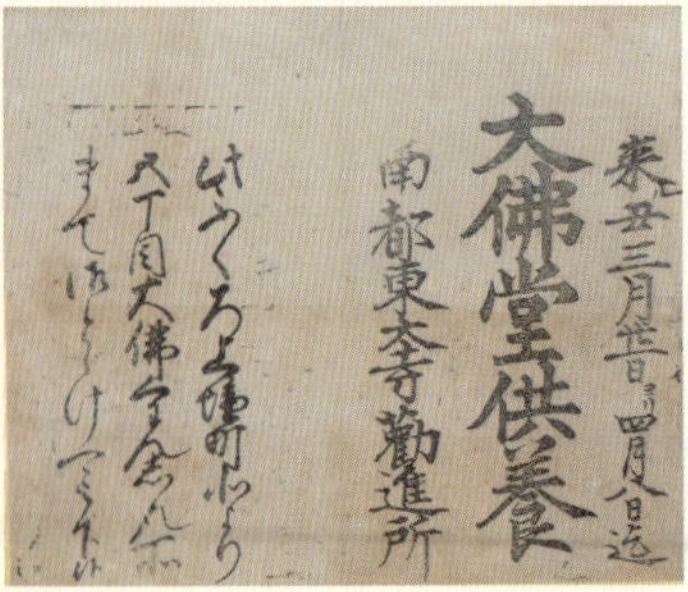

P21
宝永六年東大寺大仏殿落慶法要勧進袋
縦27.0×横33.0

P12－13
赤童子木像
江戸時代　高30・5×幅15・5×奥行8・0

P22
初瀬天神像
紙本着色
長谷金毛老人賛
縦97・0×横41・5

P28
時代春日卓
藤田男爵家伝来　高44.0×幅50.0×奥行33.0

P24
多武峯嘉吉祭無垢人人形写
南都仏師 矢野公祥作
高44・0×幅25・0×奥行15・0
調査・鈴木元子

P31
おんまつり馬長児（ばちょうのちご）の箙（えびら）写
西祐摂（にしゆうせつ）作（陶製箙）、
村岡登志一作（白梅・牡丹雲上流造花）
高61・5×幅27・0×奥行10・0

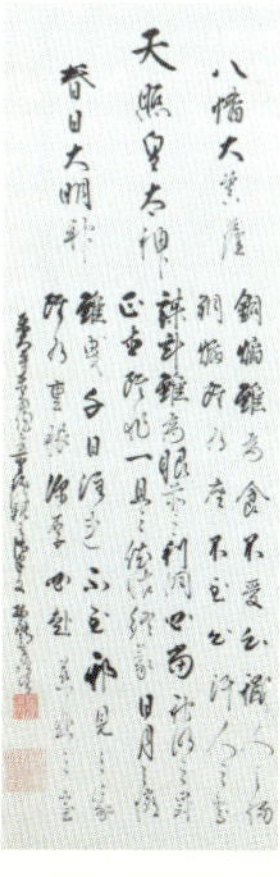

P27
三社託宣幅
紙本
手向山八幡宮上司安藝守延興（宝暦六年生まれ、
文政十一年没　七十三歳）筆
縦76・5×横26・0

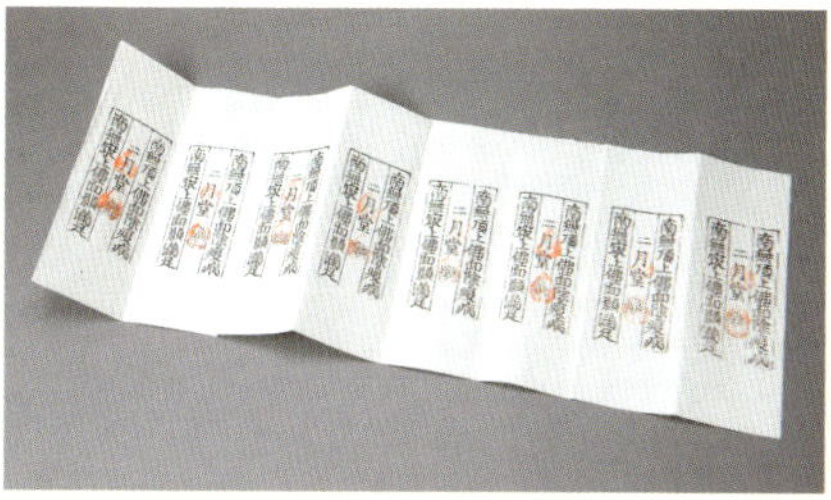

P32－33
東大寺二月堂修二会續牛玉（つづきごおう）
縦18.0×横48.0

P36―37・38
千疋鹿図
紙本着色
堀川其流画　明治九年
縦155・0×横90・0

P40
青松多寿色　一行
紙本
伏見宮文秀女王筆
縦130・0×横30・0

P43・44―45
手造茶碗銘「好日」
水谷川紫山作
縦7・0×径11・8

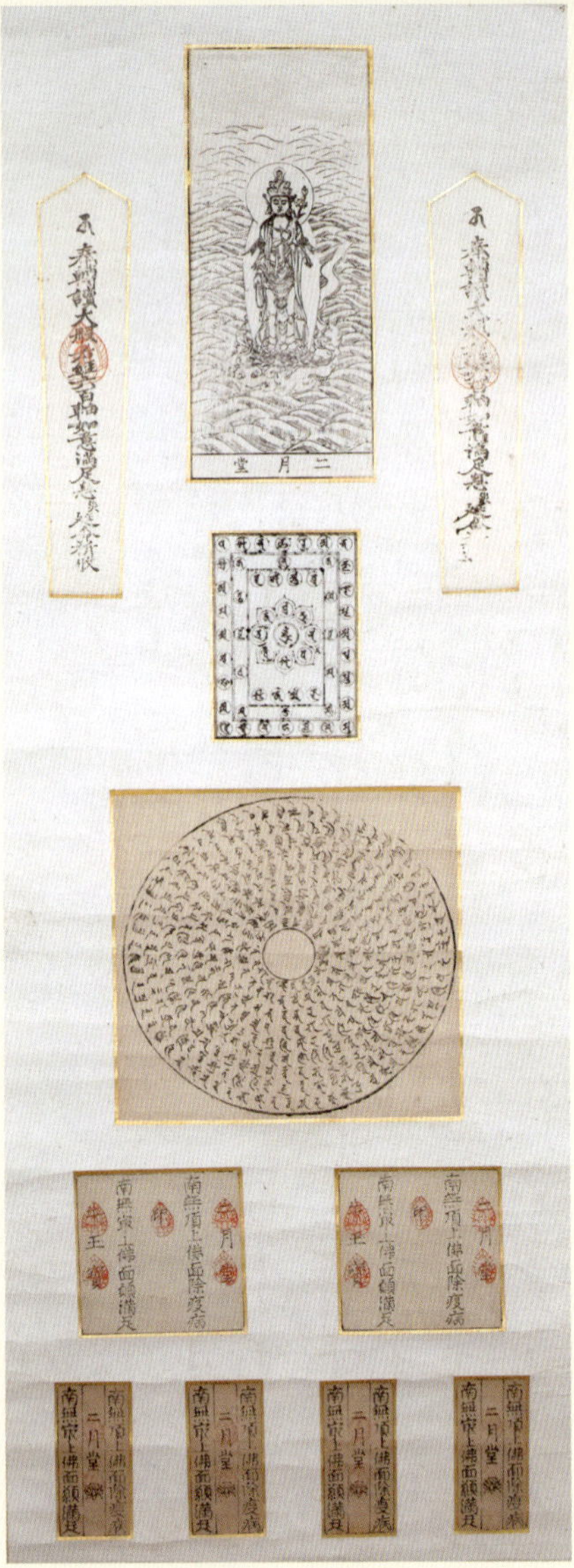

P34
東大寺二月堂護符幅
紙本
縦95.0×横35.0
上より二月堂小観音御影・大般若転読符（上部左右）・不詳・尊勝陀羅尼（昔は牛玉の刷りこんだ墨で刷り上げた梵字を一字ずつちぎって服用したという）・献上牛玉・牛玉札

P54
春日御社図
紙本着色
和田貫水画
縦102・0×横41・0

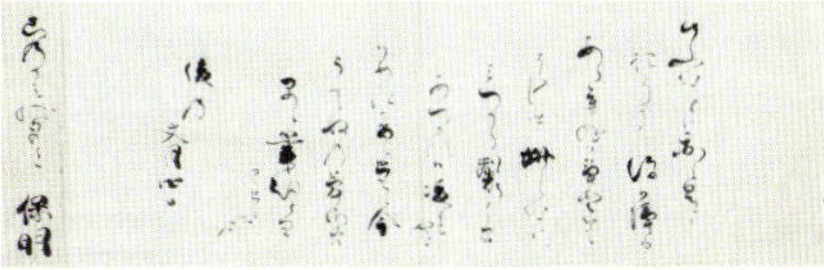

P47・48－49
柳澤保明（尭山）侯消息幅
紙本
縦15.0×横47.0

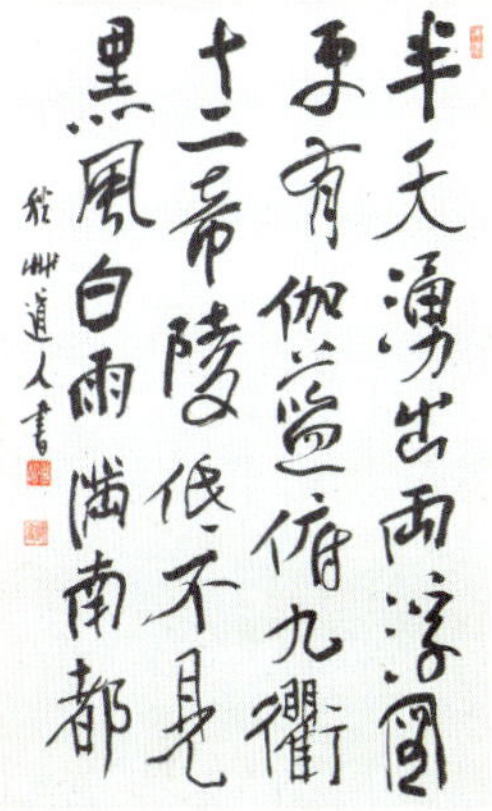

P57
風雨望寧楽　紙本
藤井竹外作七言絶句漢詩幅　會津八一筆
縦43・0×横27・0

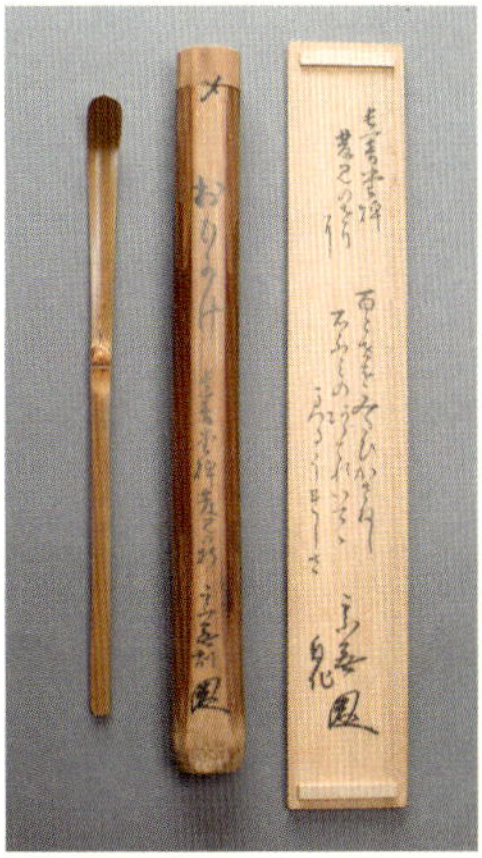

P51
茶杓　銘「おもかげ」
関宗無（藤次郎）作　共筒共箱　長18・2
箱に「長闇堂碑発見の折　長闇堂碑発見のをりに百（もも）とせをみたひかさねし石ふみのあらはれいててまつるうれしさ　宗無自作　花押」とある。

P58
杯香薬味春　一行
紙本
柳里恭筆　大倉好斎極
縦120・0×横20・5

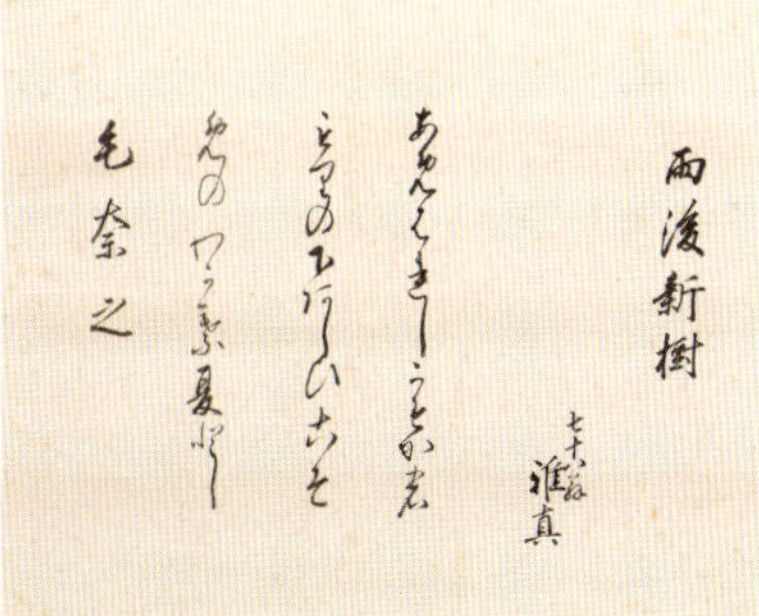

P53
雨後新樹和歌懐紙幅　紙本
中村雅真筆　縦37.5×横47.0

P60
一服図
紙本水墨
菊谷古馮（葛陂）画　慈雲尊者賛
縦57・5×横24・5

P69
東大寺大仏殿鐙瓦硯（あぶみがわらけん）
興福寺一乗院伝来、奈良博覧会出陳、
中村雅真旧蔵　径15.5

P62－63・64
秋景神鹿図二枚屏風　紙本着色
内藤其淵画　各・縦128.0×横62.0

P71
和綴本『和州和田邑孝女茂代傳』
天明元年刊　和州鎌田一窓記　縦23.0×16.0

P66
愛太久可祝（めでたくかしく）一行
紙本
伴林光平筆
縦120・0×横30・0

P72－73
「唯」一字幅　紙本
孝女もよ筆
縦26.0×横40.0

P81
鬼の念仏香合
初代松田正柏作
高6.0×幅5.0

P74－75・76
古赤膚雲鶴黄瀬戸写茶碗
高9.0×径12.0

P83
般若心経並びに頼山陽漢詩細刻茶杓
岡橋三山作　共筒・共箱
長18・5（茶杓）

P79
仁清写田植画茶碗
奥田木白作　共箱　高8.5×径10.8

P85・86－87
富嶽置物
安井出雲作
高26.0×幅54.5×奥行24.5

P80
鏡餅に鼠香合
初代松田正柏作
高4.5×径5.0

P88—89・90
節供人形
享和三年　岡野松壽保伯作
高41・0×幅27・0×
奥行15・0

P97
放翁詩意人物図幅
紙本着色
朱北樵画　自画自賛
縦128・0×横42・0

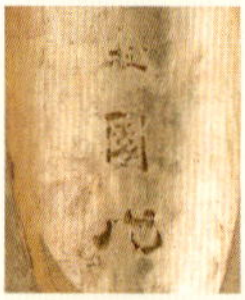

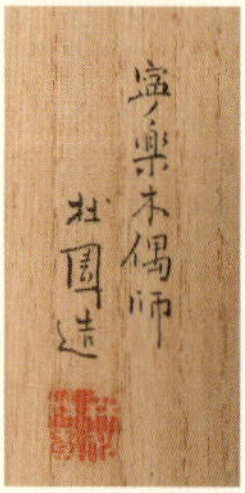

P92
伊勢海老香合
寧楽木偶師・森川杜園作　共箱
高10.0×長13.0×幅6.0

P98・99
観音菩薩絵磁器花入
於不老洞　朱北樵作
高25・0×径13・5

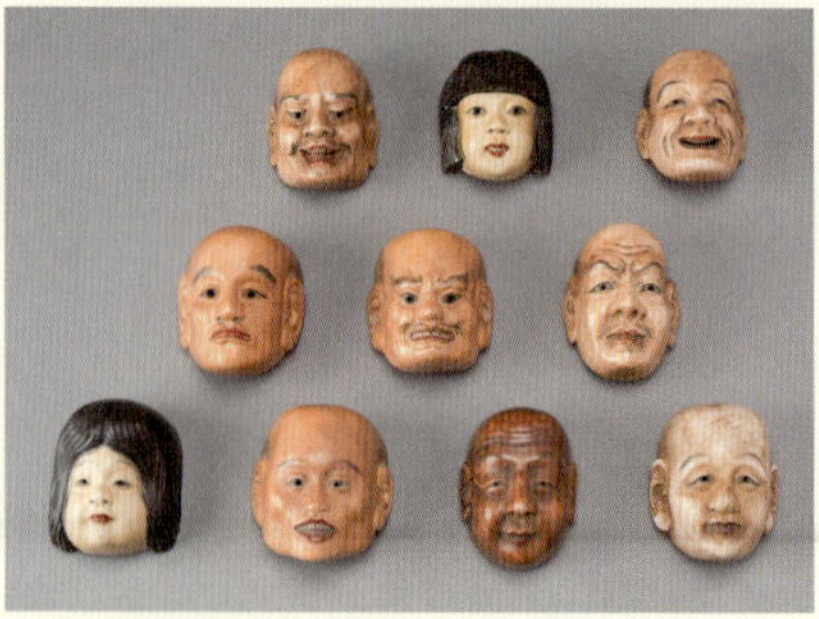

P100－101
十人十色根付　加納鉄哉作
各・縦5.0×幅4.0前後
鉄哉が心にのこる容貌を彫り留めたものという。

P95
雲華焼香炉
南都御風呂師・上田宗品作　共箱
高9.0×経14.0

P102
壺図幅　紙本
富本憲吉自画自賛
縦42.0×横30.0

P104
大黒天像
黒田壺中作
高22.0×幅12.0×奥行11.5

P106・107
法隆寺五重塔塑像菩薩像写
黒田壺中作　共箱
高30.0×幅11.0×奥行16.0

P109
乾漆法隆寺夢殿宝珠（露盤）　細谷而楽作
共箱　高31.0×経20.0

P111
春日盆　「春日御水茶屋火灯焼」焼印
縦12.0×横15.0×高3.0

P112
正倉院御物 檜製金銀絵経筒写　吉田包春作
高32.0×径5.0　木地の厚み0.5ミリ

資料1　高畑赤穂神社拝殿の額

南都廿五社天満宮参詣順次
當赤穂神社境内　自在辻子天満宮
いつはりのなき世なりせは（以下判読不能）

菅原院誕生所天満宮　西大寺前堂滝内天満宮
北野村天満宮　西手貝町天満宮
押上町祇園社内天満宮　登大路氷室境内天満宮
芝辻壽光庵天満宮　漢國町念佛寺内天満宮
小川町傅香寺内天満宮　中院町極楽院内天満宮
高畑飛鳥山天満宮　高畑自在辻子天満宮
鏡明神境内天満宮　薬師堂町御霊社内天満宮
佐紀村紅梅殿天満宮　大安寺村〇〇天満宮
柏木村天満宮　六條村福天満宮
東塔院村皆天満宮　西京薬師寺前天満宮
七條村小林天満宮　五條村養天満宮
招題寺境内天満宮　齊音寺村天満宮
興福院村天満宮

享保三戊戌年二月吉日
（以下判読不能）

昭和初年頃写の扁額

資料2－1　春日社六ケ屋机図（春日社家大東家蔵）

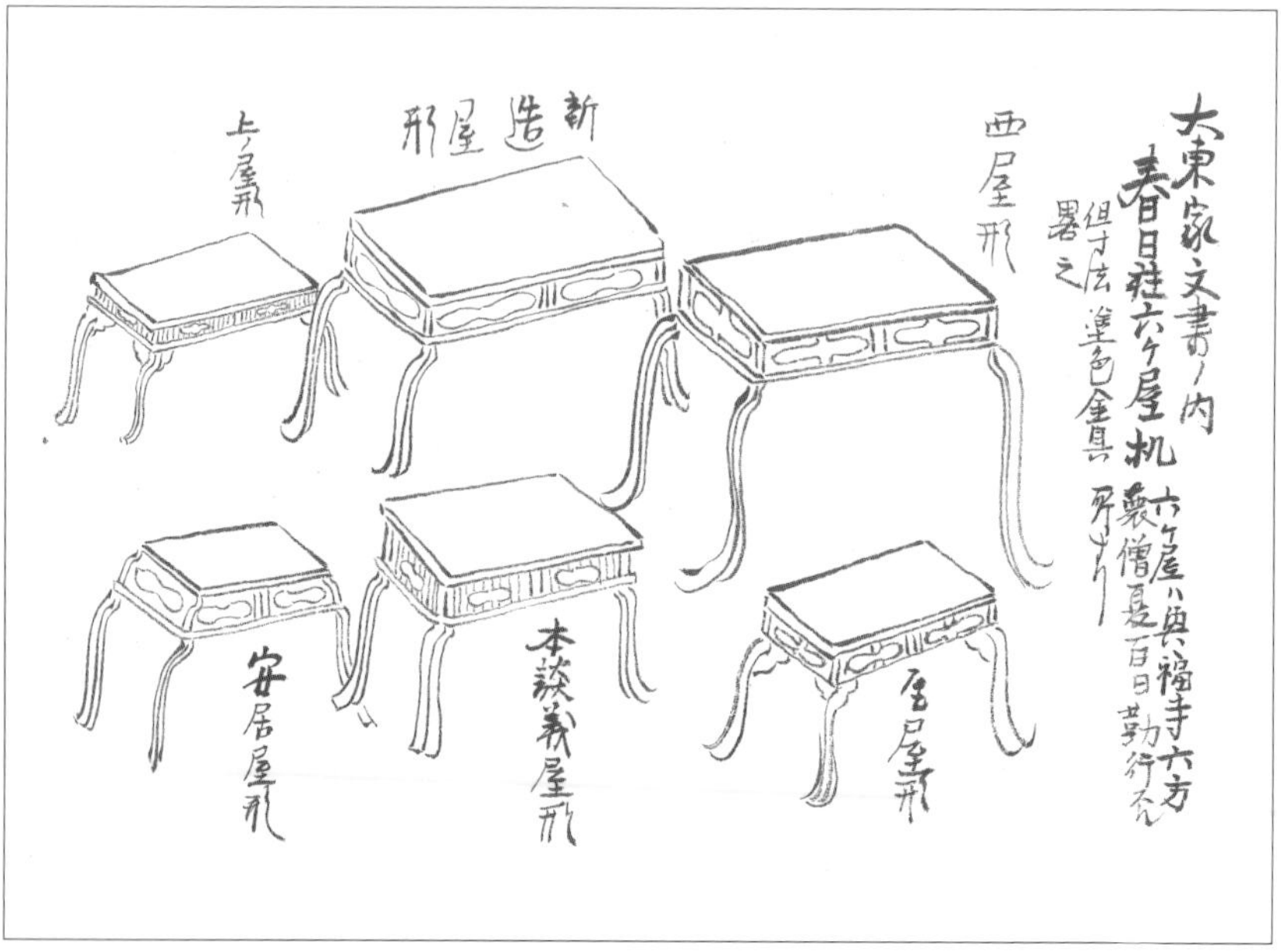

資料2－2　春日社六ヶ屋机（124頁の絵図を元に製図）

「大東家文書ノ内　春日社六ヶ屋机　六ヶ屋ハ興福寺六方衆僧夏百日勤行スル所ナリ　正寸法塗色金具略之」

西屋形

瓦屋形

新造屋形

本談義屋形

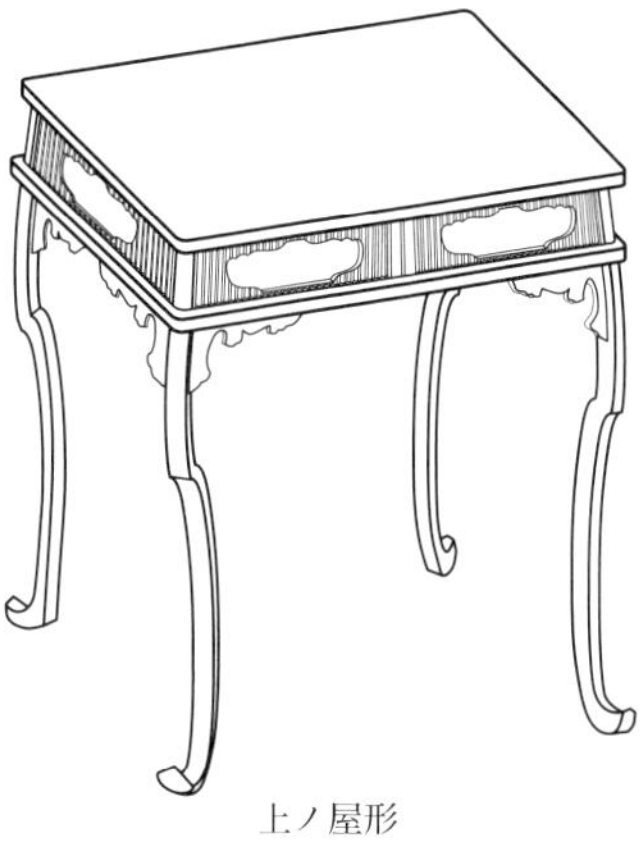
上ノ屋形

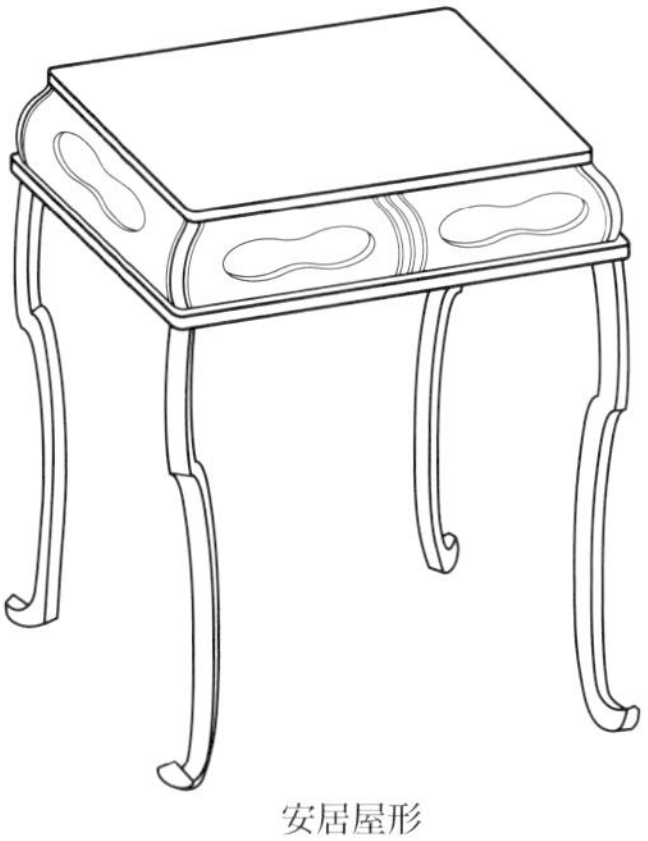
安居屋形

さくいん

※太字は項目頁

岡本彰夫（おかもと・あきお）
昭和二十九年奈良県生まれ。神主。五十二年國學院大学文学部神道科卒、春日大社へ奉職。平成十三年より権宮司を勤め、二十七年退職。在任中には恒例御神楽、式年遷宮諸神事、おんまつり等の旧儀再興、神饌や廃絶神楽の復興を成し遂げた。現在、奈良県立大学客員教授。日本文化、特に地元奈良の伝統文化にも造詣が深く、『大和古物散策』『大和古物漫遊』『大和古物拾遺』（以上、ぺりかん社）などの著書がある。近著『神様にほめられる生き方』『神様が持たせてくれた弁当箱』（ともに幻冬舎）。

桂 修平（かつら・しゅうへい）
昭和五十三年奈良生まれ。写真家。平成十四年日本大学芸術学部写真学科卒。十六年株式会社文化工房を経て、フリーランス。映画・ドラマ等のスチール撮影を中心に活動する。主な仕事として、映画「すべては海になる」「ケルベロスの肖像」「犬に名前をつける日」、ドラマ「はぐれ刑事純情派」「チームバチスタの栄光」「民王」「Doctor-X」など。個人の作品展として、平成二十二年平城遷都1300年祭平城宮跡会場交流ホールで「ならびと」展などを行う。

装訂　株式会社ザイン（大西和重・大西未生）
絵図複写（124頁）　林 美木子
製図作成（125頁）　鈴木元子

奈良を愉しむ
大和のたからもの

平成二十八年三月三十日　初版発行

著者　岡本彰夫
発行者　納屋嘉人
発行所　株式会社　淡交社
本社　〒六〇三－八五八八　京都市北区堀川通鞍馬口上ル
営業（〇七五）四三二－五一五一
編集（〇七五）四三二－五一六一
支社　〒一六二－〇〇六一　東京都新宿区市谷柳町三九－一
営業（〇三）五二六九－七九四一
編集（〇三）五二六九－一六九一
http://www.tankosha.co.jp

印刷製本　図書印刷株式会社

ISBN978-4-473-04080-0